O que toda mulher inteligente deve saber

STEVEN CARTER & JULIA SOKOL

O que toda mulher inteligente deve saber

Como lidar com os homens com sabedoria
e conseguir o amor que você merece

SEXTANTE

tradução
Sonia Maria Moitrel Schwarts

preparo de originais
Regina da Veiga Pereira

revisão
José Tedin Pinto
Sérgio Bellinello Soares
Tereza da Rocha

projeto gráfico e diagramação
Valéria Teixeira

capa
Silvana Mattievich

impressão e acabamento
Associação Religiosa Imprensa da Fé

CIP-BRASIL. CATALOGAÇÃO-NA-FONTE
SINDICATO NACIONAL DOS EDITORES DE LIVROS, RJ

C315q Carter, Steven, 1956-
O que toda mulher inteligente deve saber / Steven Carter e Julia Sokol; tradução de Sonia Maria Moitrel Schwarts. – Rio de Janeiro: Sextante, 2006.

Tradução de: What smart women know
ISBN 85-7542-219-7

1. Mulheres – Psicologia. 2. Relações homem-mulher. 3. Amor 4. Relações interpessoais. I. Sokol, Julia. II. Título.

CDD 305.42
06-1178 CDU 316.346.2-055.2

GMT Editores Ltda.
Rua Voluntários da Pátria, 45 – Gr. 1.404 – Botafogo
22270-000 – Rio de Janeiro – RJ
Tel.: (21) 2538-4100 – Fax: (21) 2286-9244
E-mail: atendimento@esextante.com.br
www.sextante.com.br

As mulheres inteligentes sabem que nenhuma mulher nasce inteligente.

As mulheres inteligentes também sabem que é possível aprender a ser inteligente de duas maneiras - a maneira difícil e a maneira fácil.

Em sua maioria, as mulheres inteligentes se tornam inteligentes da maneira difícil, isto é, através de experiências pessoais que deixam cicatrizes – recordações dolorosas de noites de insônia, lágrimas, incertezas, raiva, insegurança e ansiedade. Elas aprendem sobre a vida, sobre o amor e sobre os relacionamentos, mas pagam um preço muito alto por essa sabedoria.

Nós temos certeza de que existe uma maneira mais fácil para uma mulher se tornar inteligente – uma maneira mais fácil de aprender a ser sábia ao lidar com os relacionamentos e não precisar passar por experiências traumáticas que muitas vezes acompanham a aquisição desse conhecimento. Como? Simplesmente ouvindo e assimilando as experiências de outras mulheres. Sabedoria sem sofrimento, compreensão sem angústia, descobertas sem melodrama – é disto que trata este livro.

As mulheres mais inteligentes sabem que não precisam sofrer para se tornarem inteligentes.

Uma mulher inteligente sabe que o seu bem mais valioso é a consciência de si mesma.

Se uma mulher quiser se tornar inteligente, ela precisa compreender o que isso significa. Vejamos, por exemplo, o caso da Debra. Embora seja inteligente, culta, criativa, espirituosa e organizada, ela ainda não sabe muito bem como conduzir a sua vida pessoal. Na realidade, ela seria a primeira a dizer que, quando inicia um relacionamento, é grande a chance de "deixar a cabeça" na porta de entrada. Debra diz que no correr da vida foram inúmeras as vezes em que perdeu de vista o seu eu e as suas metas. Assim como muitas outras mulheres, ela aprendeu que: uma mulher pode ser brilhante mas não saber se proteger em seus relacionamentos; uma mulher pode ser muito bem-sucedida em sua carreira e mesmo assim sentir-se atraída pelas qualidades erradas de um homem; apesar de ser muito talentosa, uma mulher pode não ser emocionalmente inteligente. Por que isso acontece? Porque saber lidar com a vida, com o amor e com os relacionamentos é muito diferente de ser um gênio em física nuclear.

Então quais são as qualidades básicas que tornam uma mulher realmente inteligente e lhe dão as melhores oportunidades de ser pessoal e emocionalmente feliz?

Uma mulher inteligente sabe que ser inteligente significa:

- Manter-se racional.
- Deixar sua inteligência controlar suas emoções, e não o inverso.
- Confiar mais em seus valores do que em seus hormônios.
- Escolher relacionamentos que a façam feliz e permitam que ela cresça.
- Procurar e acolher pessoas otimistas e encorajadoras.
- Manter distância de relacionamentos que significam p-r-o-b-l-e-m-a.
- Afastar-se de pessoas que tentam controlá-la ou a façam sofrer.

~

Em um relacionamento, uma mulher inteligente sabe que precisa desenvolver uma visão realista daquilo...
...que deve dar a um parceiro.
...que pode esperar de um parceiro.

~

E, mais importante do que tudo, uma mulher inteligente jamais se esquece de que ela é uma pessoa especial, com ou sem um homem em sua vida.

As mulheres inteligentes sabem que...
Experiência é o que você obtém...
quando não obtém o que quer.

As mulheres inteligentes sabem qual
é a diferença entre...
...sedutor e confiável.
...caráter e carisma.
...boas roupas e bons princípios.
...uma pessoa legal e um narcisista.

As mulheres inteligentes sabem que...

É sempre um erro deixar-se atrair pela aparência de um homem a ponto de ignorar seu conteúdo.

Vitória acabou de chegar a uma festa. Encontra um grande número de pessoas, entre elas pelo menos uma dúzia de homens solteiros. Após dez minutos, vê um cara maravilhoso. "Uau", ela pensa, "olha só que homem bárbaro!" Um metro e oitenta de altura, ombros largos, vestindo um paletó alinhado e uma camisa linda. É bonito, saudável, tem um ar dinâmico, talvez seja até rico, e parece com o George Clooney. Duas mulheres jovens e atraentes estão perto dele, e não há uma única mulher na sala que não gostaria de ir para casa com ele. A maneira como se expressa mostra ao mundo que ele sabe de tudo isso, o que lhe dá a maior segurança.

Após vinte minutos ele e Vitória se entreolham por cima das pessoas. Mais trinta minutos, e ele está pegando uma bebida para ela. Uma hora depois, está perguntando se poderia se encontrar com ela em algum lugar mais tarde. Ganhei na loto!!!! *Pare nesse exato minuto!*

Esse é o padrão de nosso personagem: Vitória só sente atração por homens bonitos e charmosos, sedutores e carismáticos. Se o homem não se parecer com um dos astros mais cotados, pode esquecê-la, porque ela não nota meros mortais. Se você lhe perguntasse o porquê, Vitória diria que isso ocorre porque ela é muito exigente e crítica na sua busca pelo Homem Certo. Por que será então que o Homem Certo acaba sempre se tornando o Homem Errado?

É fácil de entender. Vitória é realmente exigente e crítica, mas não em relação às coisas sensatas. Ela fica tão atraída pelo carisma e pelo charme do homem, que não consegue parar e indagar sobre o caráter dele. O caráter – aquela qualidade que se traduz nos princípios de um homem e se revela na maneira pela qual ele trata o mundo e as mulheres com quem está envolvido – não recebe muita atenção.

Isso é interessante porque, embora possa dar a impressão de ser uma pessoa frívola, Vitória é, na realidade, uma pessoa muito séria. Ela tem um emprego sólido. Tem amizades sólidas. Tem um conjunto de princípios sólidos. E o que ela quer da vida é poder fazer biscoitos em um lar sólido com uma família sólida. Então, o que acontece? Assim que se sente atraída pela aparência de um desses caras charmosos, ela veste seu avental e começa a tentar transformar o Homem Sedutor no Homem do Lar. Uma mulher inteligente lhe diria que são ínfimas as chances de ela ser bem-sucedida nesse tipo de mágica.

As mulheres inteligentes sabem que...

Se um homem age como se pudesse conquistar todas as mulheres da sala, ele pode tentar fazer exatamente isso.

~

O homem que se veste como um modelo não está louco para se tornar pai de família.

~

Se a aparência do homem indica que ele gasta mais tempo fazendo compras do que você, ele provavelmente também vai querer mais espaço no armário.

~

Homens bonitos e charmosos parecem plantas delicadas e exóticas – precisam de atenção constante. Se você se esforçar muito, *talvez* receba flores uma vez por ano.

~

Serão necessários mais do que alguns truques de mágica para transformar um homem sedutor no *seu* homem.

~

Quando os bandidos partem em direção ao pôr-do-sol... eles partem sozinhos.

As mulheres inteligentes sabem que...

As obsessões não podem ocupar um lugar de destaque na vida de uma mulher inteligente.

Em algum momento da vida, todas as mulheres já se viram tomadas por uma paixão obsessiva. As que têm os pés bem plantados no chão parecem conseguir deixar esse tipo de sentimento para trás com a adolescência. Outras, no entanto, embora igualmente sensíveis, inteligentes e intuitivas, se especializam nele, o cultivam e permitem que ele brote e cresça.

Quais são as mulheres particularmente vulneráveis a obsessões? Qualquer uma que não tenha expectativas realistas em relação ao amor e a uma vida a dois. Entre as que integram esse grupo estão as que vivem fantasias, as excessivamente românticas e as que não receberam em seus lares modelos sólidos de uma troca afetuosa.

O que há de errado com as obsessões? Nada, se você não se importar de se sentir deprimida praticamente o tempo todo. O problema é que, em geral, o amor obsessivo reflete uma situação repleta de separações, de sentimentos que não são plenamente retribuídos – ou não são retribuídos da maneira que se quer –, de conflitos irreconciliáveis e de medo de compromissos. Esses elementos tendem a tornar uma pessoa obsessiva e geram um estilo de vida atroz.

As mulheres inteligentes sabem qual é a diferença entre...

...amor e desejo.

...desejar ardentemente e usufruir.

...amor e obsessão.

...viver uma grande paixão e viver uma vida agradável.

...sair para jantar fora e almoçar fora.

Stella fez a mesma coisa de novo. Todos os elementos estão presentes. Sexo às escondidas, a deliciosa expectativa, a intensidade do desespero, discussões horrorosas e sem solução, separações dolorosas, reconciliações afetuosas, conversas angustiantes, enfim, um elenco completo de participantes. Sim, Stella está mais uma vez às voltas com uma OBSESSÃO.

Essa não é a primeira vez e, provavelmente, não será a última em que Stella fica obcecada por alguém. Afinal, na opinião dela, obsessão e amor são sinônimos. Em conseqüência disso, ela vive uma vida de euforias e depressões intercaladas por raros momentos de paz. Para ela, uma grande paixão certamente significa momentos excitantes, porém isto causa um terrível incômodo à sua mente, sem falar no seu sistema digestivo.

Neste momento, ela e sua atual obsessão, Jack, estão se preparando para uma separação experimental durante as férias. Jack disse a Stella que vai alugar uma casa de verão com alguns amigos. Ela provavelmente ficará em casa assistindo a filmes antigos em seu DVD, imaginando o que ele está fazendo e chorando. Passará também vários fins de semana na casa de campo de seus amigos Denise e Howie. Enquanto estiver lá, reexaminará todos os detalhes de seu relacionamento com Jack. Pedirá conselhos a Denise e a Howie e, possivelmente, não prestará nenhuma atenção ao que eles disserem. Stella acha que eles são uns amores, mas acha também que eles não a compreendem. "Como poderiam?", ela se pergunta.

Denise, sua amiga mais antiga, e Howie estão casados há cinco anos e têm uma filha de dois anos. Denise conta: "Desde o momento em que a conheci, Stella sempre se envolveu com caras execráveis. Na primeira vez que ela me falou sobre o Jack, pressenti que ele significava 'problema'. Ele me pareceu educado demais. Além disso, tinha 36 anos e nunca se prendera a uma pessoa. Eu não imaginava que fosse ser diferente com Stella. Na minha opinião, a vida de Stella só vai melhorar quando ela se dispuser a procurar e aceitar um cara 'normal' – alguém um pouco menos 'interessante' e mais com os pés no chão. Stella costuma dizer que gostaria de encontrar alguém como Howie, mas eu não acredito. Estou convencida de que, se por acaso Stella conhecesse alguém como meu marido, ela não saberia apreciá-lo."

Para falar a verdade, Stella acha que Howie é um amor, mas sem graça, e que a amiga e o marido levam uma vida monótona, sem paixão. No entanto, quando os visita nos fins de semana, ela curte sair para fazer compras com Denise e o bebê no sábado à tarde, enquanto Howie joga tênis ou assiste a um jogo. Nas manhãs de domingo, gosta de sair para comprar jornal com Howie e o bebê enquanto Denise fica dormindo até mais tarde. Gosta de fazer piqueniques com eles nas margens do lago. Gosta de se sentir superior quando Denise e Howie discutem sobre a comida do jantar ou sobre quem amassou o carro. Stella acha que a vida dos dois é tranqüila e aconchegante, mas um tanto enfadonha e monótona. Pensa que, se um dia se casar, sua vida será diferente. Ela não sabe exatamente o que quer, mas sabe que não quer uma coisa tão corriqueira.

Tranqüilo, aconchegante, monótono e corriqueiro são componentes de uma vida normal e de um relacionamento normal. Esses são os tipos de adjetivos que uma mulher inteligente deseja na vida.

~

Aterrorizante, angustiante, traumático, desconcertante, irreconciliável, horrendo e obsessivo são palavras que podem estar na capa de um romance que você leva para a praia. Uma mulher inteligente não quer que adjetivos como esses sejam utilizados na descrição da *sua própria* vida.

~

Se acha que seus amigos "não compreendem" o que há de tão especial no seu relacionamento, você deveria parar e examinar melhor; talvez eles entendam mais do que você. Na realidade, às vezes os amigos que a conhecem e a amam conseguem perceber melhor que você o que está acontecendo.

~

Se você acha que está ficando muito tempo deitada no sofá *sozinha*, sonhando acordada, chorando, você não está amando – você está obcecada.

~

Se você se vê constantemente perturbada, preocupada com as características de seu relacionamento e em busca de dicas e pistas que a ajudem a compreender o que está acontecendo, você não está amando – você está obcecada.

~

Um amor verdadeiro e duradouro pode ser tão maravilhoso quanto uma infindável montanha-russa de paixões e dores, além de poder proporcionar a você férias bem mais interessantes.

~

Largar um amor obsessivo jamais será indolor, mas, quanto mais cedo você fizer isso, mais rapidamente poderá começar a se curar.

~

Uma obsessão pode – e, com certeza, poderá – fazer uma mulher desperdiçar anos de sua vida.

~

As obsessões podem ser – e serão – a causa de dores de cabeça, distúrbios gastrintestinais, palpitações, crises de ansiedade, cabelo branco e rugas.

~

Quase sempre o amor obsessivo é viciante e por isso precisa ser tratado como qualquer outro vício – com a firme determinação de obter a cura.

~

A cura para o vício de relacionamentos amorosos obsessivos requer muita força de vontade, ajuda profissional e grupos de apoio.

As mulheres inteligentes sabem que...

Deus inventou o flerte para que a mulher possa descobrir os defeitos de um homem *antes* de se envolver com ele, e não depois.

Sally realmente detesta sair com um homem que tenha com ela um relacionamento indefinido. A maioria de suas amigas também. Pensar nas vezes em que isso aconteceu a faz lembrar de falta de liberdade, de um certo constrangimento, de expectativas do tipo "Será que ele vai me telefonar?", de despedidas desajeitadas.

Mas Sally decididamente precisa melhorar a sua atitude em relação à experiência de sair com alguém. O que ela deveria saber é que, embora fique ansiosa para que a fase de saídas descompromissadas acabe e um relacionamento verdadeiro comece, essas aparentemente terríveis preliminares contêm um aspecto muito positivo. Elas constituem oportunidades preciosas para Sally conhecer melhor o homem e descobrir se vale a pena estabelecer uma relação mais profunda e estável com ele. Uma mulher inteligente sabe que são poucas as que usam sabiamente esses encontros em seu próprio benefício. As outras ficam tão desinteressadas que não dão ao homem uma nova chance, ou ficam tão encantadas que jogam o bom senso pela janela.

Uma mulher inteligente sabe que sair com um homem requer cautela, bom senso e perspicácia. Sabe que não deve rejeitar um homem só porque não houve uma atração imediata. Às vezes, ela só precisa conhecê-lo um pouco melhor para que a atração surja. Uma mulher inteligente sabe também que não deve jamais se deixar cegar pela atração sexual a ponto de não prestar atenção em qualquer um dos seguintes aspectos:

- a atitude dele em relação às mulheres em geral
- a atitude dele em relação a dinheiro
- a atitude dele em relação à própria família
- a atitude dele em relação à própria carreira
- a atitude dele em relação ao próprio carro
- a atitude dele em relação à carreira dela
- a capacidade dele de ouvir e compartilhar
- a capacidade dele de jogar limpo
- a capacidade dele de rir
- a capacidade dele de não se levar muito a sério
- os vícios dele (fumar, beber, drogas, etc.)
- as possíveis aversões dele (seus animais de estimação, seus gostos, seus amigos, sua religião, anchovas, etc.)
- as convicções políticas dele
- as crenças religiosas dele
- os valores dele
- as neuroses dele
- o histórico dele em relação às mulheres

As mulheres inteligentes sabem que...

> Sair com um homem é algo que você faz para descobrir se quer ou não se envolver com ele... Portanto, não se apresse.

As mulheres inteligentes sabem que...

O primeiro jantar em um restaurante significa muito mais do que uma simples refeição. Ele é um minirretrato do que seria a vida com essa pessoa.

É o primeiro encontro e, freqüentemente, isso significa jantar fora. Preste atenção porque, nessa ocasião, você receberá uma quantidade imensa de informações. O primeiro encontro à noite lhe fornecerá pistas e dicas sobre o tipo de comportamento que você pode esperar na próxima semana, no próximo ano ou na próxima década... caso o relacionamento continue.

Sabendo disso, e não se esquecendo também de que todas as pessoas têm dias ruins e maus hábitos, uma mulher inteligente sabe que, antes de começar a sonhar com uma vida a dois, ela deve pensar duas vezes a respeito de:

- qualquer homem que flerta com outras pessoas além de você, inclusive – mas não apenas – com a recepcionista, a garçonete ou mesmo o garçom
- qualquer homem que pede para você se encontrar com ele em um restaurante e se atrasa mais de dez minutos
- qualquer homem que não divide nada
- qualquer homem que come tudo com a mão
- qualquer homem que não come nada com a mão
- qualquer homem que não se *oferece,* pelo menos, para pagar a refeição

- qualquer homem que fica zangado se você lhe oferece dinheiro
- qualquer homem que escolhe um restaurante caro e espera que você pague a metade
- qualquer homem que escolhe um restaurante caro e não pede vinho porque é caro demais
- qualquer homem que pede um vinho caro sem consultá-la e espera que você pague a metade
- qualquer homem que a convida para jantar e, na hora, não tem dinheiro para pagar a conta
- qualquer homem que calcula a sua parte da conta com uma máquina de calcular
- qualquer homem que troca de mesa mais de uma vez
- qualquer homem que muda o pedido mais de uma vez
- qualquer homem que manda a comida de volta mais de uma vez
- qualquer homem com "regras de comida" exageradas
- qualquer homem que não mistura grupos de comida (proteína com carboidrato, leite com fruta) porque está tentando "manter sua qualidade de vida"
- qualquer homem que usa o guardanapo como babador
- qualquer homem que é grosseiro com o garçom
- qualquer homem que menciona qualquer tipo de secreção humana durante o jantar
- qualquer homem que pergunta se o pão é cobrado à parte
- qualquer homem que discute com o garçom
- qualquer homem que bebe demais
- qualquer homem que não limpa a barba após sujá-la com sopa

- qualquer homem que lhe diz o que pedir ou como comer
- qualquer homem que não lhe diz o que vai pedir até ser tarde demais para você mudar de idéia
- qualquer homem que não deixa o carro com o manobreiro porque terá de pagar cinco reais pelo serviço
- qualquer homem que presta mais atenção no que está acontecendo nas outras mesas do que em você
- qualquer homem que come todo o prato dele e metade do seu
- qualquer homem que lhe diz que sempre pede a mesma coisa, não importa onde esteja
- qualquer homem que diz que é alérgico a metade das coisas que você pediu
- qualquer homem que examina minuciosamente os copos e os talheres à procura de sujeira ou germes
- qualquer homem que deixa a conta em cima da mesa por muito tempo
- qualquer homem que faz cara feia quando examina a conta
- qualquer homem que conversa pelo celular na sua frente
- qualquer homem que manifesta qualquer comportamento sexualmente inadequado durante o jantar
- qualquer homem que não fala sobre si mesmo
- qualquer homem que só fala sobre *si mesmo,* a vida *dele* e os interesses *dele*
- qualquer homem que não demonstra o menor interesse em ouvir qualquer coisa sobre *você*, *sua* vida ou *seus* interesses

Uma mulher inteligente sabe qual é a diferença entre...

...casável e casado.
...afeição e sedução.
...um relacionamento verdadeiro e uma cilada.
...alguém que vai deixar a esposa e alguém que já deixou.

As mulheres inteligentes sabem que...

Todos os bons partidos talvez já estejam comprometidos, mas muitos dos maus partidos também estão.

Stacey conheceu Alan há apenas duas semanas e gosta dele... muito. Acha que ele é muito aberto e sensível. Ao contrário dos outros homens que ela já conheceu, Alan é atencioso, carinhoso e não parece temer uma intimidade maior entre os dois. Parece gostar muito dela também. Na realidade, ele gosta tanto dela que pretende levá-la em sua próxima viagem de negócios, que, por acaso, é um congresso com uma semana de duração no Havaí. Ele diz que deseja ter um "verdadeiro" relacionamento com ela. Stacey sabe que isso significa que Alan quer ir para a cama com ela. Ela também quer ir para a cama com ele.

Há apenas um porém – Alan é casado. Ele afirma que seu casamento "acabou". Stacey acha que isso quer dizer que ele não dorme mais com a esposa. Alan diz que sua esposa "leva sua própria vida" e que ele duvida que ela se importaria se soubesse do seu relacionamento com Stacey. Talvez se sentisse até "grata por ele ter saído do pé dela". Por que ainda estão juntos? Ele diz que é por causa dos "imóveis", dos "filhos" e do "sentimento de culpa".

Stacey está muito dividida. De um lado, Alan e o Havaí; do outro, a esposa e a família dele. Ela se sente insegura sobre o que fazer.

Uma semana no Havaí não vale um único fim de semana imaginando seu amante fazendo um churrasco no quintal da casa dele com a esposa e os filhos enquanto você fica em casa esperando e torcendo para o telefone tocar.

~

Se um homem casado estiver de fato interessado, ele continuará interessado depois de se separar da esposa... esta seria a única situação em que você deveria cogitar de sair com ele.

~

A afirmação "Ela tem a sua própria vida" é a versão atual para "A minha esposa não me compreende".

~

Depois de se envolver com um homem casado, você também poderá desejar "ter a sua própria vida".

~

Se a esposa dele não o compreende, você provavelmente também não o compreenderá.

~

Se ele insinuar que a esposa dele não gosta de sexo ou não gosta dele, você deveria se dar conta de que ela provavelmente tem seus motivos.

~

Homens casados às vezes usam a mulher solteira e disponível que estiver mais à mão para ajudá-los a diminuir a dor do processo de separação. Uma vez consumada a separação, o relacionamento com a mulher solteira também acaba.

~

Este ditado é antigo mas muito verdadeiro: "Se um homem consegue enganar a própria esposa, é muito provável que ele consiga enganar você também."

~

Quando a situação fica mais séria, alguns homens casados se escondem atrás de suas esposas para se protegerem da "outra mulher".

~

Quando um homem diz que não se separa por causa de "imóveis", "filhos" ou "sentimento de culpa", isso geralmente significa que ele depende totalmente de sua esposa.

~

Homens casados que saem com outras mulheres são como as ostras: uma em um milhão tem uma pérola dentro, o resto é apenas lixo.

~

Alguns homens casados sempre têm casos: eles pulam fora pelo perigo de serem apanhados.

Uma mulher inteligente sabe que não está sendo sensata quando:

- Acha que é melhor ter um relacionamento ruim do que ficar sozinha.
- Precisa de um homem para se sentir importante.
- Coloca sua vida em "compasso de espera" até o dia em que arranjar um relacionamento sério.
- Não encontra prazer e alegria na praia, na música, no pôr-do-sol, no cinema, nos shoppings, na cozinha – em nada –, se não tiver um homem para compartilhar aquele momento com ela.
- Esquece que um relacionamento pode causar o mesmo número de problemas que soluciona.
- Acha que precisa de um homem para se sentir especial.

As mulheres inteligentes sabem que...

Ter consciência do seu próprio valor significa saber o que você tem a oferecer e não oferecê-lo rápido demais.

A maioria das pessoas acha que Linda é incrível. Afinal, ela teve uma ótima educação, dirige seu próprio negócio e é muito atraente e talentosa. Eis uma lista de algumas das coisas que ela sabe fazer: colocar papel de parede, construir divisórias, consertar uma torneira que está pingando, forrar sofás e poltronas, calcular seus impostos, preparar um molho de macarrão delicioso, ler enquanto pedala na bicicleta ergométrica, tricotar um suéter e enumerar os melhores jogadores da Seleção. Linda, que é divorciada e tem um filho de dez anos, é uma mãe maravilhosa, uma boa amiga e uma excelente cozinheira. Em resumo, Linda é uma mistura de Mulher Maravilha e Supermulher. No entanto, ela não se acha nada disso se estiver sozinha. Ela se sente péssima quando não tem um homem ao seu lado para lhe dizer que ela é bonita, inteligente e talentosa. Embora não admita isso com muita freqüência, ela não se sente viva se não tiver um homem a seu lado.

Se um homem manifesta o mínimo interesse por ela, se esboça o menor gesto ou diz alguma coisa que a faça se sentir bonita, desejável e importante, Linda mergulha de cabeça. Não é que ela queira se envolver com homens execráveis, mas a sua falta de auto-estima e de bom senso é um fator que controla sua vida. E é por isso que ela sempre acaba com homens que não a merecem. Está tão ansiosa para arranjar um companheiro, que se apaixona rápido demais por um homem. É como se seus olhos estivessem quase fechados. São tantas as tentativas que ninguém consegue se lembrar de todos os ex-namorados de Linda...

Houve o Michael, que estava sempre a ponto de deixar a esposa, mas nunca deixou; o George, que estava sempre para mudar de emprego, mas nunca mudou; o Fred, que achava defeito em tudo o que Linda fazia; o Harry, que cantava todas as suas amigas; o Ted, que passava mais tempo com seu parceiro de tênis do que com ela. Linda também tentou ter um relacionamento com Edward, que nunca falava; com Alan, que jamais calava a boca; com Bob, que nunca aparecia, e com Barney, que sempre aparecia bêbado.

As mulheres inteligentes sabem que...

Uma baixa auto-estima pode muitas vezes fazer com que até as mulheres mais extraordinárias entrem em relacionamentos destrutivos.

~

A auto-estima não é apenas um termo da moda. Ela é a essência de qualquer relacionamento positivo que você possa ter.

~

Se estiver sempre envolvida com o Homem Errado, você poderá não ter nunca a oportunidade de conhecer o Homem Certo.

~

Não é inteligente baixar a guarda para qualquer homem que se apresente como seu salvador.

A mulher inteligente sabe que o Homem Certo nem sempre é o Homem Óbvio.

As mulheres sempre ficam zangadas com homens que só olham a aparência externa. Elas se queixam de que a maioria dos homens entra em uma sala e – o que e quem ele nota? Em geral, a mulher mais bonita, a saia mais curta, a roupa mais extravagante, o que está passando na televisão e o que tem para comer.

No entanto, algumas mulheres fazem a mesma coisa. Há homens maravilhosos caminhando pelas ruas, mas nem sempre eles se destacam na multidão. Na realidade, em geral, eles decididamente *não* se destacam na multidão. Isso não significa que um homem bom deve ser chato e comum. Significa apenas que é necessário um certo tempo para perceber o que o torna fascinante e especial.

Às vezes, a única pista que um homem autêntico e sincero lhe fornece é o fato de não se parecer com nenhuma das suas fantasias românticas, ou seja:

- Ele não está precisando ser salvo.
- Ele não precisa de ajuda para saber quem é.
- Ele não é incrivelmente bonito.
- Ele não é imensamente rico.
- Ele não é totalmente motivado ou obcecado pela ambição.
- Ele não é o supermacho.

- Ele não tem um defeito fatal que precisa ser eliminado.
- Ele não é extremamente interessante ou encantador.
- Ele não diz o tipo de coisas românticas que você sonha escutar – pelo menos, não até conhecer você há um bom tempo.

Uma mulher inteligente sabe distinguir os homens bons dos maus.

Encontrar um homem bom é equivalente a tentar encontrar uma vaga para estacionar no centro da cidade. As melhores sempre parecem estar ocupadas, e, embora muitas outras pareçam boas de longe, quando você se aproxima há sempre um hidrante ou uma placa de proibido. Mas tanto as vagas boas quanto os homens bons podem ser encontrados. Basta não desistir – é simplesmente uma questão de tempo.

Tom, o marido de Barbara Smith, é um homem bom. Por quê? Porque é um homem de verdade. Ele faz as coisas que os homens de verdade fazem, e essas coisas não são muito diferentes daquelas que as mulheres de verdade fazem. Quando uma mulher fala com ele, ele ouve e tenta compreender o que ela está dizendo. Quando se sente ameaçado, ele reconhece a ameaça. Quando era solteiro, ficava ansioso quando ia para a cama com uma mulher pela primeira vez. Fica nervoso em diversas situações, sabe quando está nervoso e sabe que ficar nervoso é perfeitamente normal. Não tenta controlar nem manipular as mulheres que conhece para conseguir o que quer. Raras vezes fez isso, e, quando se deu conta, voltou atrás e quase sempre pediu desculpas. Agora que está casado, é muito dedicado a Barbara e procura ajudá-la em todas as suas necessidades. De um modo geral, ele pensa no que pode ser melhor para ela, não lhe passa pela cabeça ser infiel e, para ele, seu casamento é tão importante quanto é para Barbara. Em resumo, Tom é um cara legal e sincero.

Como é que você reconhece que um homem é como Tom Smith ao encontrá-lo pela primeira vez? Como pode saber que ele é um "cara legal"? É claro que homens como Tom não têm a palavra "legal" tatuada na testa. Eles a têm permanentemente gravada na personalidade e nas atitudes. Na realidade, se você encontrasse Tom, talvez não lhe dedicasse a quantidade de tempo e de atenção que ele merece. Por quê? Porque ele não é suficientemente neurótico para intrigar você, não é suficientemente enigmático para atrair você, não é suficientemente bonito para impressionar você, nem é suficientemente charmoso para deslumbrar você. Ele obviamente não utiliza uma série de jogadas que levam a uma sedução elegante. Sim, ele pode ser muito romântico, poderá até lhe enviar flores, mas provavelmente só depois de se apaixonar, e não enquanto estiver tentando fazer com que você se apaixone por ele. Sim, ele poderá lhe dar presentes maravilhosos, mas isso acontecerá quando vocês estiverem comemorando uma data especial, e não no segundo encontro.

Na verdade, não é a marca do carro ou o estilo das roupas o que identifica um cara legal. Mas, para ser um "cara legal", ele deve ter a maioria das seguintes características:

Um "cara legal" tem um estilo de vida realista.

Ele tem um lar de verdade, um emprego de verdade, uma família de verdade, contas para pagar, animais de estimação e uma maneira realista de lidar com tudo isso.

~

Um "cara legal" tem metas realistas.

Talvez esse homem não pretenda conquistar o mundo, mas vai querer maximizar seu potencial para tornar-se o melhor que puder ser.

~

Um "cara legal" sente atração por mulheres que refletem seus valores e seus interesses.

Esse homem tem o bom senso de se manter distante de grandes obsessões e se concentra em mulheres com quem é capaz de ter um relacionamento tranqüilo. Em resumo, ele não passa a vida tentando provar que água e azeite podem se misturar.

~

Um "cara legal" quer uma mulher com quem possa compartilhar a vida.

Esse homem não quer um relacionamento no qual um dos parceiros é exageradamente dependente ou totalmente dominador.

~

Um "cara legal" não tenta manipular nem usar uma mulher.

Esse homem não vai usar grandes técnicas para envolvê-la e seduzi-la. Como a sua sedução não é ensaiada, ele pode até ser meio desajeitado, mas seu charme consiste exatamente nisso.

~

Um "cara legal" apóia sem tentar controlar.

Esse homem quer que sua parceira se sinta feliz e realizada; ele quer ajudá-la a alcançar seus objetivos.

~

Um "cara legal" sabe escutar o que uma mulher diz.

Esse homem não é tão egocêntrico a ponto de só conseguir se concentrar em seus próprios problemas e em seu ponto de vista.

~

Um "cara legal" é justo e sabe compartilhar responsabilidades.

Esse homem sabe lavar roupa, fazer a cama, cozinhar. Nada

disso é feito com muita perfeição, mas o importante é que ele insiste em colaborar.

~

Um "cara legal" é honesto.

Esse homem procura conviver com todas as experiências que se apresentam sem tentar se enganar sobre seus próprios sentimentos, seus medos e suas necessidades.

~

Um "cara legal" não tem limitações irracionais.

Esse homem não a faz sentir-se mal ao excluí-la de aspectos significativos da vida dele, não tem regras irracionais sobre a intensidade de seu envolvimento em uma relação nem sobre até que ponto vai permitir que você se aproxime dele.

~

Um "cara legal" é capaz de comprometer-se.

Esse homem quer ter um relacionamento sólido, companheiro e sério. Seu estilo de vida reflete a capacidade que ele tem de formar laços permanentes.

~

Um "cara legal" é bem-intencionado.

Esse homem sempre procura saber o que é melhor para vocês dois.

Uma mulher inteligente tem o bom senso de gostar de um homem que:

- Permite que o relacionamento cresça devagar.
- Não força a intimidade sexual.
- Tem os pés plantados na realidade e não na fantasia.
- Sabe o que é o amor, o que significa um compromisso duradouro e encara ambos com seriedade.
- Não faz promessas até saber se poderá cumpri-las.
- Sabe como cultivar um relacionamento sem precisar recorrer a poemas de amor, telefonemas angustiantes, presentes inadequados, programas extravagantes ou confissões íntimas.

As mulheres inteligentes sabem que...

Um homem que se apaixona rapidamente pode se desapaixonar com a mesma rapidez.

Cheryl marcou um encontro com Gary para se conhecerem. No início ficou em dúvida, sem saber se ele era o seu tipo. Mas não foi necessário muito tempo para que Gary a convencesse do contrário. No primeiro encontro, ele manifestou claramente o quanto a achava "especial". No dia seguinte enviou um poema e uma dúzia de rosas. No final da primeira semana disse que achava que estava "se apaixonando por ela".

Toda essa intensidade deixa Cheryl extasiada. Desde menininha, ela sonhava encontrar um homem que reagisse a ela com toda essa paixão. Gary parece estar completamente dominado pelos próprios sentimentos. Telefona para ela várias vezes por dia, lhe dá presentes insensatos e extravagantes, quer vê-la todas as noites, mesmo que isso signifique dirigir mais de uma hora na ida e na volta, fala sobre o que farão juntos no futuro e a envolve numa sensação de intimidade e entrega.

Cheryl está nas nuvens, muito lisonjeada com tudo isso. As palavras apaixonadas de Gary a fazem sentir-se maravilhosa, querida e desejada. No entanto, a velocidade do ritmo a amedronta um pouco; tudo parece estar acontecendo rápido demais, como se fosse algo tirado de um romance. Dentro dela há duas vozes: uma lhe diz "Tenha cuidado" e a outra a incentiva: "Vá em frente... esta pode ser a sorte grande." Qual das duas ela deveria escutar?

Um homem que é excessivamente romântico no início de um relacionamento às vezes está passando férias no reino da fantasia. Quando voltar à Terra, pode aterrissar em cima do seu coração.

~

Você não tem nada a perder ao desacelerar sua relação com um homem. Se esse relacionamento estiver destinado a ser o relacionamento do século, você terá cem anos para usufruí-lo.

~

Desacelerar um relacionamento não significa rejeitar um homem; significa falar sobre seus temores, ir devagar e discutir tudo para que vocês saibam com clareza o que querem.

~

Não é inteligente começar a planejar a lua-de-mel antes de se certificar de que a frase "Eu amo você" significa para ele o mesmo que para você.

Uma mulher inteligente tem o bom senso de gostar de um homem que:

- Talvez lhe dê azia com a comida que prepara, mas não com seu comportamento.
- Talvez não seja muito interessante, mas pelo menos não fala sobre si mesmo o tempo todo.
- Discorda de você em questões corriqueiras – que filmes ver, que legumes comer no jantar – e não se deveria ou não tentar ir para a cama com a sua melhor amiga.
- Fica sem ter o que falar, mas não se importa.
- Não vigia você o tempo todo.
- Tem problemas banais, como um dente inflamado ou uma distensão muscular, em vez de conflitos psicológicos que nem mesmo Freud conseguiria analisar.
- Paga as contas em dia.
- Está começando a ficar careca, mas não se preocupa muito com isso.
- Quer conhecer toda a sua família, e não apenas a sua irmã bonita.

As mulheres inteligentes sabem qual é...
A diferença entre um marido em potencial
e um desastre em potencial.

Todas as mulheres com mais de vinte anos já tiveram sua cota de "caras estranhos"... alguns com quem saíram, alguns com quem se envolveram e alguns com quem podem até ter vivido – ou, no auge da má sorte, se casado. Rhonda não é exceção. Na realidade, ela já teve várias cotas desses caras. Houve Zack, o anarquista, Edward, o geneticista, Philip, o oncologista, Carlos, o jogador de futebol, Raymond, o artista, e William, o vigarista. Estes foram aqueles com quem ela não se casou. Por duas vezes ela não teve tanta sorte.

Se neste momento Rhonda ainda tivesse qualquer energia dentro de si, ela gostaria de poder aconselhar todas as mulheres do planeta a aprenderem com seus erros. Embora tenha pago um preço muito alto para se tornar inteligente, ela sabe que não precisa ser assim. Uma mulher inteligente é capaz de raciocinar duas vezes e fazer muitas perguntas antes de se envolver seriamente com qualquer homem que:

- usa spray nasal com mais freqüência do que você coloca batom
- torce pelos bandidos nos seriados
- vangloria-se de que seu barco é mais veloz do que um barco da guarda costeira
- acha que o Marquês de Sade tinha um ponto de vista interessante sobre a vida

- está convencido de que foi um guerreiro no século XI
- tenta hipnotizar você
- tem filhos que se recusam a vê-lo
- tem filhos, mas nunca quer vê-los
- paga tudo com dinheiro vivo
- quer que você vá a um cirurgião plástico para que ele refaça alguma parte de seu corpo
- tem mais credores do que amigos
- tem ex-esposas e companheiros de apartamento em maior número do que os seus pares de sapatos
- sabe o nome de todos os crupiês dos cassinos
- tenta pedir dinheiro emprestado a você e a todos os seus amigos
- tenta controlar você de alguma maneira
- tenta fazê-la aceitar uma prática sexual de que você não gosta
- lê os *Versos satânicos* no ônibus ou no metrô
- muda de casa com mais freqüência do que você troca os lençóis
- não lhe diz o que faz para se sustentar
- não a deixa ir à casa dele
- não pára de falar na ex-esposa ou ex-namorada que ele "*realmente detesta*"
- já contou tantas mentiras que acaba misturando as histórias
- não fala com nenhuma pessoa da própria família
- tem um agenciador de apostas que está atrás dele

Uma mulher inteligente sabe qual é a diferença entre ser "especial" e ser apenas uma outra vítima.

Todas nós gostamos de achar que somos um pouco especiais, um pouco diferentes de todas as outras pessoas. E somos. É importante não nos esquecermos nunca de que todas nós possuímos um talento, um charme e um significado especial. No entanto, às vezes essa idéia de ser diferente de todas as outras pessoas faz uma mulher acreditar que com ela "vai ser diferente". Uma mulher precisa se dar conta de que um homem realmente calhorda é, em última instância, um homem realmente calhorda. Se ele foi um canalha com as mulheres do seu passado, ele provavelmente será um canalha com ela.

Uma mulher inteligente não culpa as mulheres do passado de um homem até ter bastante conhecimento de todos os fatos.

As mulheres inteligentes sabem que...

Embora você possa ser a mulher certa,
o homem errado continuará sendo
sempre o homem errado.

Ellen gosta de se considerar inteligente, atenciosa e prestativa. E ela é. Desde pequena, ela ouviu as pessoas se referirem a determinados homens difíceis usando a frase "Ele ainda não encontrou a mulher certa". Em todos os seus relacionamentos, Ellen tentou ser a mulher certa. Uma parte dela acredita piamente que, se ela for suficientemente boa, tolerante e prestativa, será recompensada com o amor de um homem difícil.

Neste exato momento, ela está se esforçando muito para esquecer o Ted, que partiu seu coração. Antes de partir o coração de Ellen, ele tinha partido o coração de Janet. Antes de partir o coração de Janet, tinha partido o coração de Anne. Antes de partir o coração de Anne, tinha partido o coração de Jessica. Portanto, por que Ellen achou que seria diferente com ela?

Quando Ellen conheceu Ted, ele ainda estava terminando o relacionamento com Janet, que, segundo ele, fazia cenas e o deixava maluco com seus telefonemas. Ted explicou que, embora ele e Janet fossem incompatíveis, ele se sentia culpado por ter deixado o relacionamento continuar por tanto tempo. Um amigo comum disse a Ellen que Ted tinha sido cruel com Janet, e em uma festa uma pessoa puxou-a de lado para adverti-la de que se tratava de um destruidor de mulheres. Ellen não ficou surpresa. O próprio Ted tinha lhe falado de seu terrível histórico com as mulheres.

Na realidade, ele às vezes se perguntava se conseguiria ter uma vida sentimental "normal" algum dia. No entanto, as histórias que ele contou fizeram Ellen acreditar que todas as mulheres que Ted conhecera antes tinham problemas sérios ou alguma deficiência. Ele contava histórias horríveis sobre essas mulheres. Uma ficou tão descontrolada que jogou tudo o que havia dentro dos armários pela janela. Outra lhe telefonava todas as noites, à meia-noite, e desligava assim que ele atendia. Outra ainda, dois anos após terem terminado, fazia uma cena cada vez que o via acompanhado de uma mulher.

Ellen acreditava que com ela seria diferente, que ela era especial para ele, e Ted alimentava essa convicção. Repetia que ela era a mulher mais carinhosa e atenciosa que ele conhecera. Por isso, Ellen não deu muita atenção à fama do namorado. Concluiu que Ted nunca encontrara a mulher certa. E, é claro – estava convencida de que era essa mulher. Achava que tinham um bom relacionamento e acreditava que, com ela, tudo seria diferente.

E, durante algum tempo, foi mesmo. Os dois tinham muitas coisas em comum, concordavam na maioria das ocasiões, e tudo parecia quase mágico... até o dia em que Ted parou de considerá-la uma pessoa especial e passou a tratá-la exatamente como fizera com as outras mulheres que passaram por sua vida. Depois de dois meses, ele estava dizendo a uma outra mulher que ela era especial, e que Ellen – assim como Janet antes dela – estava fazendo cenas que o deixavam louco.

Se você acha que desta vez ele vai ser diferente do que foi com qualquer outra mulher, você não está sendo muito inteligente.

~

Se ele lhe diz que sua ex-mulher tentou atropelá-lo, é bem provável que um dia você venha a desejar que ela tivesse conseguido.

~

Não importa o quanto você é maravilhosa. Existem homens que podem deixar você ou qualquer outra mulher enlouquecida – estes não são homens que você deveria se importar de perder.

Uma mulher inteligente *acredita* quando um homem lhe diz que:

- Resiste a compromissos.
- Nunca amou alguém de verdade.
- Talvez se mude em breve.
- Sua ex-mulher, ou ex-namorada, tem motivos para detestá-lo.
- Ainda não se encontrou.
- Já se encontrou, mas não gosta do que descobriu.
- Tem dificuldade em se adaptar a um emprego fixo.
- Precisa urgentemente de uma equipe de terapeutas para tentar resolver seus problemas.

Uma mulher inteligente sabe que...

Se você está realmente a fim de se estabelecer num único lugar, deveria parar de freqüentar tanto os aeroportos.

Sarah diz que quer se casar. Diz que esta é a única coisa que está faltando em sua vida e que ela realmente deseja ter um marido e filhos. De verdade. No entanto, seus amigos estão começando a se perguntar o que Sarah quer de fato.

Se você conhecesse os caras com quem Sarah sai, não acreditaria quando a ouvisse dizer que tudo o que deseja é um relacionamento estável com um homem com quem possa ser feliz. Veja bem, ela nunca se envolveu com um tipo caseiro, exceto alguns que já estavam vivendo com suas esposas. Vamos dar uma olhadinha em alguns de seus relacionamentos.

Ela conheceu Jonathan uma semana antes de ele embarcar para uma viagem mística ao Nepal. Ele era muito romântico. Sarah se apaixonou e começou a imaginar a vida que os dois poderiam ter juntos. Tornou-se até vegetariana. Dois anos, dois cartões-postais e 730 pratos de arroz integral mais tarde, ela decidiu que deveria começar a procurar outra pessoa.

Conheceu Andrew em um vôo. Ele era muito romântico e lhe enviou três dúzias de rosas e um livro de poemas. Sarah ficou encantada, mas ele era um mau-caráter. Veja só: era casado e sua esposa estava grávida do terceiro filho. Como ele morava em outra cidade, Sarah só descobriu que a esposa dele estava grávida depois de a criança nascer. É claro que ficou histérica. E foi então que ele acabou o relacionamento dizendo que precisava de um tempo para avaliar toda a situação. Andrew ainda está pensando... Observe Andrew pensando... Pense, Andrew, pense.

Ela e Steven se conheceram numa festa. Ele era solteiro, morava na mesma cidade e estava disponível. Bem, até certo ponto. Embora fosse solteiro e não estivesse envolvido com ninguém, imediatamente a preveniu de que não tinha o menor interesse em se casar. Abertamente reconheceu que seus amigos achavam que ele tinha fobia a compromissos. Na realidade, ele jamais saíra com qualquer pessoa por mais de dois meses. Steve foi totalmente sincero sobre isso. Puxa! Mas, como ele a cortejou! Ele era tão romântico que Sarah teve certeza de que seria a exceção. Não foi.

Sarah mal tinha se recuperado de Steven quando conheceu Tony. Ele era, como você provavelmente já adivinhou, muito romântico também. Tony reconhecia que sua história pessoal era caótica. Ele tinha se casado com 21 anos e trocou sua primeira esposa por outra mulher aos 24. Aos 26, largou essa outra quando conheceu sua segunda esposa. Esta o deixou quando ele estava com 30 anos. Desde então, ele brigava e fazia as pazes com uma outra mulher, mas, segundo ele, não era mais um relacionamento "muito sério". No entanto, após algumas semanas, Steven começou a desmarcar encontros com Sarah e a ficar menos acessível. Agora, ele está dizendo que não sabe bem "o que quer". Sarah, é claro, tem certeza de uma coisa: quando ele não está com ela, está com a mulher com quem disse que tinha um relacionamento que não era muito sério. Sarah está muito infeliz, mas continua saindo com Steven assim mesmo.

Um homem que não sabe "o que quer" não merece o que tem.

~

Um homem que está indo para Catmandu para tentar se encontrar vai se livrar de qualquer mulher que conheça pelo caminho.

~

Um homem que está "se procurando" não está a fim de uma aliança de casamento.

~

Se você quer ter um relacionamento estável, deveria ficar longe dos caubóis, dos pilotos de carro de corrida, dos jogadores de cassinos flutuantes, enfim, de qualquer homem que não goste de ter um pouso fixo.

~

Se um homem é excessivamente romântico no início de um relacionamento, é bem grande a probabilidade de ele ser excessivamente sonhador e nada confiável.

~

Se você quer um relacionamento sólido e confiável, você precisa encontrar um homem sólido e confiável.

As mulheres inteligentes sabem que está na hora de acabar um relacionamento quando:

- Ele faz você se sentir mal com mais freqüência do que a faz se sentir bem.
- O seu medo de perdê-lo faz você ignorar todas as suas verdadeiras necessidades.
- O comportamento dele está abalando a sua auto-estima.
- Você diz para ele o quanto está triste ou aborrecida, mas ele não faz qualquer esforço para mudar de comportamento.
- Ele pára de tentar agradá-la.
- Suas lembranças do passado são mais agradáveis do que a sua situação atual.
- O comportamento dele justifica os ciúmes que ele provoca em você.
- Ele começa a lhe dizer que precisa de "mais espaço".

As mulheres inteligentes sabem qual é...
A diferença entre estar apaixonada e estar sofrendo.

Margaret conheceu Paul em uma festa em novembro. Ela estava dançando com outro homem quando o viu, de pé, em um canto da sala, olhando para ela como se estivesse se afogando e ela fosse um colete salva-vidas que ele não sabia como alcançar. Pouco tempo depois, quando Margaret estava pegando uma bebida, Paul se aproximou e se apresentou. Parecia muito tímido, muito preocupado com a hipótese de ela gostar ou não dele. No entanto, ela não precisou de muito tempo para perceber que estava louca por ele. As primeiras semanas do relacionamento foram fantásticas. Margaret estava delirantemente feliz. Repetia sem cessar às suas amigas o quanto se sentia privilegiada e se emocionava ao pensar na sorte que tinha. Paul era atraente, agradável, charmoso, inteligente e indubitavelmente a adorava. O que poderia dar errado?

Então, de repente, Paul mudou. No início, a mudança foi sutil. Não telefonava mais com tanta freqüência e parecia estar se afastando. No princípio, Margaret achou que se tratava só de uma fase que logo seria superada. Mas a situação foi se tornando cada vez mais complicada. Ele começou a falar em "sair com outras pessoas", em "necessitar de espaço" – e a se mostrar menos disponível para ela. Quando estavam juntos, tudo continuava a ser maravilhoso, e por isso ela teve muita dificuldade em aceitar o que estava acontecendo – até Paul passar a ser realmente cruel.

Começou a flertar abertamente com outras mulheres e a excluí-la de seus planos. Não havia dúvida – ele estava se afastando. Foi então que Margaret começou a entrar em desespero. Eles tinham ficado juntos quase seis meses, e agora o relacionamento decididamente lhe trazia mais sofrimento do que prazer. Para cada hora agradável que passavam juntos havia muitas outras em que Paul fazia alguma coisa que a deixava confusa, magoada e solitária. Para cada momento de ternura em que ele dizia que a amava e não queria magoá-la havia um fim de semana horroroso em que ele a deixava sozinha, imaginando onde ele estava e o que estava fazendo. Para cada instante de intimidade havia cinco encontros angustiantes em que ele parecia distante. Ela diz que está apaixonada por ele, mas, quando você analisa os fatos, qual é a conclusão?

Margaret sempre se lembra do jeito que Paul a olhava no início. Continua achando que o que está acontecendo é algum tipo de pesadelo ou de teste – e que logo Paul irá acordar e a situação entre os dois voltará a ser como antes, quando ele vivia atrás dela.

No momento, Paul diz que está confuso, que não sabe o que quer, que talvez seja imaturo demais para amar alguém. Afirma que não merece o amor de Margaret, mas também insinua que é muito ciumento e ficaria extremamente magoado se ela saísse com outro homem; que se sente mais ligado a ela do que a qualquer outra pessoa. Às vezes os dois têm discussões terríveis, e ela se vê gritando com ele ou quase lhe suplicando. Mas a tristeza de Margaret ou sua histeria não mudam o comportamento de Paul.

Ela acha que ele a ama, que está simplesmente confuso, que, no fim, as coisas irão se resolver. Acha que, se esperar bastante tempo e for um modelo de virtude e de compreensão, tudo ficará bem. Só que isso não é fácil. Margaret sente raiva, ansiedade, dor. Seus pais e seus amigos já notaram sua infelicidade, mas ela não quer que eles saibam que a situação está péssima, e por isso inventa desculpas para proteger Paul. Fica em casa boa parte do tempo em que ele não está disponível. Às vezes assiste à televisão, às vezes telefona para as amigas. A maior parte do tempo, Margaret chora.

As mulheres inteligentes sabem que...

Chorar é algo que se faz em casamentos e funerais... não nas noites de sábado.

~

Há uma enorme diferença entre ele estar passando por uma fase e você estar sendo deixada de lado.

~

Se você continua amando alguém que a está magoando, um dia você não estará mais se amando.

~

O ciúme não é o melhor termômetro para medir os sentimentos ou as intenções de um homem.

~

Como diria um salva-vidas: se você tentar salvar um homem que está se afogando, corre o risco de afundar com ele.

~

Há um limite para o volume de dor e de ansiedade que qualquer homem merece.

Raiva + Ansiedade + Sofrimento ≠ Felicidade.

Se dói, provavelmente não é bom para você.

Uma mulher inteligente tem o bom senso de gostar de um homem que:

- Não tem problemas complicados.
- Sente-se bem consigo mesmo.
- Sente-se bem com sua posição na vida.
- Não a envolve em seu psicodrama.
- Aparece quando diz que vai aparecer.
- Não parece um animal ferido.

As mulheres inteligentes sabem que...

Ajudar incondicionalmente é uma maneira errada de demonstrar amor.

Com suas feições rosadas, sua alegria, seu eterno otimismo e sua disposição para a vida, Mary parece ter saído de um anúncio de iogurte. Mas, por motivos que seus amigos não conseguem compreender, Mary muitas vezes se envolve com homens irremediavelmente problemáticos... homens que bebem demais, homens que apostam demais, homens que sonham demais, homens que brigam demais. Mary diz que não tem culpa por esse tipo de homem sempre a "encontrar". No entanto, quando eles a encontram, ela acha que poderá ajudá-los, que será possível construir uma vida com eles. Infelizmente, a vida dela mais parece uma novela de má qualidade.

Houve Paul, que perdeu demais nas pistas de corrida; Larry, que tinha sonhos (e gostos) milionários, mas recebia um salário bem inferior ao dela; Frank, que deixava o coração (e certas partes relevantes de seu cérebro) em uma garrafa de uísque; e Gerry, que brigava com todo mundo, inclusive com seus inúmeros chefes, com os amigos dela (ele não tinha nenhum), com seus colegas de trabalho e com a família dela (a dele tinha parado de falar com ele anos atrás). O que esses homens tinham em comum era o modo como a faziam se sentir. Durante algum tempo, ela se sentia especial, importante, útil e muito, muito necessária.

Em vez de vê-los de maneira realista, Mary sonhava com um futuro melhor, um futuro em que todos os problemas desapareceriam e ela poderia ter o relacionamento maravilhoso que sempre imaginara. Embora se visse como salvadora desses homens, na realidade suas ações estimulavam a dependência deles. Mary escutava seus problemas, passava horas tentando deslindar os pormenores de suas "infâncias infelizes" e, em pelo menos uma ocasião, acabou cuidando da ex-mulher inválida de um deles. Eles dirigiam o carro dela, comiam a comida que ela preparava e, é claro, pegavam dinheiro emprestado com ela. Mary acha que compreende esses homens e o que eles passaram. Ela se considera suficientemente forte para lidar com os problemas deles, e é inegável que "agüentou" muita coisa, inclusive infidelidade. Entretanto, ela gosta de transmitir-lhes esperança, de amá-los apesar de tudo, de ajudá-los a solucionar seus problemas e de tentar fazê-los mudar.

Seria um engano supor que toda essa "santidade" de Mary tenha feito qualquer um desses homens amá-la mais. Não fez. Na realidade, as atitudes dela constantemente os deixavam muito irritados. Apenas um deles, Frank, de fato mudou, mas, poucas semanas após ele parar de beber, o relacionamento mudou também. Ele passou a não precisar tanto de Mary, e ela a reclamar porque ele ficava mais tempo com seus companheiros dos AA do que com ela. Na verdade, o Frank sóbrio não era tão romântico nem tão "interessante" quanto o Frank bêbado.

Quanto aos outros homens, seus problemas, um dia, se tornaram tão imensos que nem Mary conseguiu mais conviver com eles. O que podemos aprender com sua experiência?

Se os homens errados estão sempre encontrando você, isso significa que você está enviando sinais errados.

~

Os defeitos fatais de um homem deveriam criar rejeição, e não atração.

~

Há uma grande diferença entre ser solidária e ser co-dependente.

~

Se você está sempre tentando solucionar "os problemas deles", está na hora de começar a examinar os seus.

~

Se você realmente quer passar a vida lidando com os problemas de outras pessoas, deveria se tornar uma assistente social e receber por isso.

~

Viciados não podem ser salvos pelo amor de uma mulher bem-intencionada; eles precisam de programas de reabilitação, e não de compreensão e colo.

~

Não é sensato envolver-se com um homem que acha que café da manhã consiste em um croissant e uma garrafa de vinho.

O que as mulheres inteligentes sabem sobre sexo?

As mulheres fazem esta pergunta o tempo todo: "O que é que você acha de fazer sexo no primeiro encontro?" O que elas estão perguntando é se devem ir para a cama com um homem antes de estabelecer um relacionamento com ele, se devem ir para a cama no momento em que o conhecem suficientemente bem para desejarem isso, mas ainda não o conhecem suficientemente bem para saber se a relação terá um futuro estável. Isso pode ocorrer no primeiro, no segundo ou no décimo encontro... não importa. De modo geral, quando uma mulher faz essa pergunta, ela não está interessada em questões práticas, como sexo seguro ou a utilização de métodos anticoncepcionais, embora estas duas questões certamente mereçam reflexão.

No sexo que antecede o relacionamento, o que em geral preocupa uma mulher são as implicações emocionais, e estas são muito mais complexas do que o mero receio de ter ou não uma boa opinião sobre o outro na manhã seguinte.

As mulheres inteligentes sabem que...

Antes de ir para a cama com um homem pela primeira vez, você precisa saber bem quem ele é, o que ele é e por que ele é assim.

Vamos admitir: por mais experientes que sejam, em sua imensa maioria, as mulheres ainda querem conhecer o homem com quem estão indo para a cama. Elas querem ter certeza de que ele irá lhes telefonar outra vez, de que ele é quem diz que é, de que não é casado nem tem outro relacionamento sério. Elas querem saber se ele é estável, se é sincero e se realmente gosta delas. E para adquirir esse tipo de informação são necessários mais do que alguns poucos encontros.

~

Depois de ir para a cama com um homem, você provavelmente ficará mais vulnerável a ele do que estava antes.

A vulnerabilidade é um dos componentes da intimidade, e a intimidade é o que dá um sabor especial ao relacionamento. No entanto, você não vai querer ficar numa posição vulnerável em relação a um homem até saber se ele merece ou não a sua confiança... e isso leva tempo.

~

Infelizmente, é possível sentir muito desejo por um perfeito cafajeste.

Só porque está inteiramente fascinada por alguém, isso não significa que você deve se precipitar. Se esperar até saber mais a respeito de um homem, você terá como avaliar mais aspectos de seu caráter, inclusive aqueles que podem chegar a lhe causar repugnância.

~

Quando você entra em um redemoinho sexual com um parceiro novo, as preocupações mais sensatas freqüentemente passam para o segundo plano.

Uma boa química entre um homem e uma mulher é excelente. Mas mesmo a melhor química se torna ruim quando outros componentes do relacionamento não vão bem. Você precisa de tempo para saber se vocês de fato foram feitos um para o outro; caso contrário, poderão acabar engasgados um com o outro.

~

Se um homem está realmente interessado em uma mulher, ele não se importa de esperar; na realidade, muitas vezes ele prefere isso.

Às vezes, as mulheres se preocupam pensando que a ausência de sexo no início de um relacionamento pode comprometer sua evolução. É óbvio que o sexo coloca o relacionamento em um novo patamar, MAS UMA MULHER INTELIGENTE SABE QUE NÃO QUER CHEGAR A ESSE NOVO PATAMAR ATÉ TER CERTEZA DE QUE É O PONTO ONDE *ELA* REALMENTE QUER ESTAR.

As mulheres inteligentes têm o bom senso de gostar de um homem que:

- É responsável e honesto.
- Leva uma vida estável.
- Tem uma casa para morar.
- Não faz você achar que, se não agarrá-lo naquele segundo, ele irá desaparecer.
- Não é totalmente estimulante, mas é totalmente confiável.
- É capaz de discutir sem constrangimento e com toda a sinceridade qualquer aspecto da vida dele.

Uma mulher inteligente sabe que...

A não ser que tenha bons amigos na polícia, você deve pensar duas vezes antes de sair com um homem evasivo.

Nancy conheceu George quando ele a "pescou" na seção de produtos hortigranjeiros de um supermercado e lhe pediu para ajudá-lo a encontrar "um melão perfeito". Em geral, ela não fala com homens estranhos, mas sentiu-se imediatamente atraída por ele e fascinada por seu senso de humor meio infantil. George perguntou se poderia telefonar para ela e deu seus telefones também. Nancy não precisou de muito tempo para descobrir que ele era diferente de todos os outros homens com quem já tinha saído. A diferença? Ele não podia ser encontrado por telefone. O número de casa que ele dera tinha sido desligado (mais tarde, ele culpou a empresa de telefonia por uma "confusão" que ele não tomara o cuidado de resolver) e o número de seu "trabalho" era o de uma central de recados (porque, segundo George explicou, pela natureza da sua função, ele não ficava muito tempo no escritório).

Nancy gosta de George, e já saíram juntos duas vezes, mas o fato de não conseguir alcançá-lo por telefone a incomoda. Além disso, ele parece muito vago a respeito de tudo. Por exemplo, ela não sabe ao certo o que ele faz. Como eles se conheceram em um supermercado, os dois não têm amigos em comum, e por isso Nancy não pode confirmar nada sobre George – apesar de ele ter lhe fornecido muitas informações. Mas nada que possa ser comprovado. Tudo isso a deixa perturbada. Deveria?

Pode ser difícil encontrar um homem bom, mas não deveria ser difícil telefonar para ele.

~

Um homem que diz que não tem telefone em casa freqüentemente está escondendo alguma coisa... uma namorada... ou uma esposa.

~

Um homem que não pode ser encontrado com facilidade está lhe dando o seguinte recado: "Você não pode me alcançar!"

~

Um homem que é difícil de ser encontrado é difícil de ser mantido.

~

Se você não consegue encontrá-lo, perca-o.

As mulheres inteligentes sabem que...

Quando um homem desaparece de repente, sem uma boa explicação, é porque existe algo de errado com ele, e não com você.

Já aconteceu à maioria das mulheres. Uma mulher conhece um homem. Algo especial acontece entre eles. Ela gosta dele. Ela acha que ele gosta dela. Ela começa a confiar nele. E, então, ele começa a agir de um modo esquisito. Às vezes, ele apenas pára de telefonar e ela nunca descobre o motivo. Outras vezes estabelece-se um padrão – ele desaparece, ele aparece, ele dá desculpas, ele desaparece de novo, ele reaparece, ele dá outras desculpas. Ela fica confusa, tenta adivinhar o que aconteceu, fica imaginando o que pode ter saído errado. Terá sido alguma coisa que ela disse, alguma coisa que ela fez, alguma coisa que ela não disse, alguma coisa que ela não fez? Se isso ocorre logo após o primeiro encontro ou pouco antes do primeiro Natal dos dois juntos, não existe uma boa explicação para tal comportamento. Mas existe uma maneira apropriada de lidar com isso.

Uma mulher inteligente sabe que deveria deixar para trás e esquecer um homem que:

- Pára de telefonar.
- Não aparece quando diz que vai aparecer.
- Cancela planos em cima da hora.
- Não cumpre aquilo que prometeu.

As mulheres inteligentes sabem que...

Um homem que não aparece ou não telefona quando diz que vai ligar não vale o papel onde o número do seu telefone está anotado.

Beverly conheceu Jack em uma feira industrial. A química entre os dois foi instantânea, e no espaço de duas semanas eles já tinham se encontrado seis vezes.

Quando, no fim do sexto encontro, Jack a beijou, prometeu telefonar no dia seguinte para saírem juntos. Bervely esperou pelo telefonema o dia inteiro, mas Jack não ligou. Finalmente, às dez da noite, ela telefonou para ele. Ninguém atendeu. Ela só conseguiu falar com ele uma hora depois. Ele disse que tinha "adormecido" e que, quando acordou, já era "tarde demais para fazer qualquer programa", e que ela provavelmente telefonara "enquanto ele tinha saído para comer alguma coisa". Beverly ficou tão aliviada ao ouvir a voz de Jack que não deu muita importância ao bolo que tinha levado.

Então, após estarem "juntos" há um mês, ele a convidou para um piquenique no domingo seguinte e disse que a apanharia às nove horas. Às onze, telefonou para dizer que estava com "uns problemas" e que ligaria mais tarde para ela. Já se passaram três dias desde este último telefonema. Bervely está confusa e furiosa. Se não receber notícias de Jack até hoje à noite, sua melhor amiga vai fazer uma ligação do tipo "desculpe, é engano" para a casa dele para se certificar de que ele ainda está vivo.

Annie, uma amiga de Beverly, também está lidando com um homem desaparecido, o que a deixa muito, muito chateada. Há duas semanas, ela conheceu um homem em seu local de trabalho. Ele é de outra cidade e veio para se reunir com o chefe dela.

Em geral, antes de se envolver com alguém, Annie gosta de ter um tempo para conhecer melhor a pessoa, mas, como Bill ficaria apenas alguns dias na cidade, ela cedeu. Isso e o fato de achá-lo irresistível. Bem, você adivinhou. Foi extraordinário. Foi fantástico. Eles saíram para jantar três noites seguidas. E no sábado passaram o dia no parque. Sábado à noite, após o jantar, ele foi para a casa dela e só saiu de lá no domingo à tarde – quase na hora de pegar o avião.

Durante o tempo em que ficaram juntos, Annie descobriu tudo sobre ele: sua infância, seu mau relacionamento com os pais, o irmão que ele adorava. Ficou sabendo também de seus problemas no trabalho e das dificuldades que levaram a seu divórcio. Bill lhe contou tudo! Eles conversaram, conversaram e conversaram! O que aconteceu entre eles parecia inacreditável! Bill pediu que ela fosse visitá-lo durante as férias, disse que estaria de volta em um mês e que então ficariam mais tempo juntos. Prometeu telefonar no dia seguinte. Annie convenceu-se de que era o início de um relacionamento importante.

Ela está esperando o tal telefonema há duas semanas, mas até agora Bill não ligou. Annie está fora de si. Será que ela disse ou fez alguma coisa errada? Será que há algo errado com ela sexualmente? Será que ele detestou a aparência dela, a maneira como ela se sentia e agia? Será que ela era muito reprimida? Será que não era suficientemente reprimida? O que será que aconteceu?

Mais do que qualquer outra coisa, Beverly e Annie querem uma explicação. Aqui está ela:

Todas as mulheres têm pelo menos uma história para contar sobre um homem que desapareceu ou não apareceu quando deveria. Seja lá qual for a particularidade das circunstâncias ou a complexidade das explicações, homens que desaparecem são tão comuns quanto a presença de ratos em canos de esgoto.

~

O homem que desaparece no ar é um mágico. Primeiro, ele faz você se sentir flutuando no ar... a seguir, ele faz o velho truque do desaparecimento. Se reaparecer, provavelmente vai tentar serrar você ao meio... e aí, tal como David Coperfield, vai desaparecer outra vez.

~

Quando um homem desaparece assim, pode ter certeza de que ele não está caído, quase morto, em um beco qualquer gritando o seu nome.

~

O homem que desaparece, em geral, reaparece (como por milagre) no momento em que você o esquece... ou encontra um outro homem.

~

Você deveria ter o bom senso de não se sentir culpada por qualquer coisa que possa ter dito ou feito e que, na sua opinião, talvez tenha precipitado o desaparecimento de um homem.

~

Todas as mulheres ficam chateadas quando um homem desaparece de repente, mesmo quando não gostam tanto dele. A atitude do homem deflagra e exacerba o medo primitivo de abandono.

~

São comuns as histórias de homens que desapareceram em diversos estágios de um relacionamento – homens que desaparecem imediatamente após uma primeira saída extraordinariamente agradável e íntima, logo após férias muito românticas ou às vésperas do casamento.

~

Em geral, um homem desaparece quando não se sente confortável com o nível de intimidade do relacionamento; alguns desaparecem no início do relacionamento porque já estão envolvidos com outra mulher.

~

Normalmente, um homem desaparece porque acha que você está esperando "mais" do que ele está preparado para dar. Ele sabe que deu a você motivos para isso e se sente muito culpado para ter uma conversa franca.

~

Isto é um fato! Se um homem desaparece, a única reação apropriada deveria ser de alívio por não ter se envolvido demais com um cafajeste como ele.

Uma mulher inteligente tem o bom senso de usufruir aqueles momentos de sua vida em que está sem ninguém.

~

As mulheres inteligentes sabem que... não importa se é para acabar de redigir a tese de mestrado, acabar de escrever seu primeiro livro, acabar de fazer uma grande faxina ou organizar seus documentos – na vida, muitas coisas importantes são mais fáceis de serem realizadas quando você pode se dedicar a elas completamente. E isso acontece quando você não está envolvida com um homem. Nessas fases você pode...

...estreitar suas amizades.

Uma mulher sozinha tem tempo para apreciar e curtir amigos, tanto novos quanto antigos, e todas as coisas que pode fazer com eles. Programe com seus amigos idas à praia, a concertos, a cinemas e a piqueniques.

~

...impulsionar sua carreira.

Quando não está envolvida com um homem, você tem mais tempo, mais energia e menos demandas pessoais. Esse é o momento de impulsionar sua carreira, se é isso o que você quer.

~

...descobrir seus talentos ocultos.

Você alguma vez desejou pintar? Faça isso agora. Você alguma vez desejou aprender a tocar um instrumento musical? Por que não agora?

~

...desenvolver novos interesses.

Francês? Italiano? Sânscrito? Esquiar? Surfar? Velejar? Fotografar? Viajar?

~

...descobrir-se.

Estar sozinha significa que você pode se dedicar totalmente a você. Se estiver procurando a sua criança interior ou os segredos do universo, você não deve satisfações a ninguém além de você.

~

...soltar as amarras.

Vá passear no bosque, percorrer o país de bicicleta ou fazer um retiro nas montanhas. Você escolhe e você programa.

~

...levar a vida do jeito que você quiser.

Você pode ir dormir na hora que quiser e dormir quanto tempo quiser; você pode comer exatamente o que quiser, quando quiser e onde quiser; você pode ir aonde quiser, quando quiser e com quem quiser – e voltar quando *você* estiver com vontade; pode ver os filmes e os programas de televisão que quiser, deitada na cama às três da madrugada, cercada por pacotes de biscoitos, sem ninguém para reclamar; pode decorar a sua casa do jeito que quiser; pode ter os animais de estimação que quiser e gastar seu dinheiro naquilo que lhe der na telha. Em resumo, você não precisa entrar em acordo com ninguém, exceto com consigo mesma e com seu desejo. *Aproveite isso ao máximo!*

Uma mulher inteligente tem o bom senso de desacelerar um relacionamento até ter certeza de que:

- Está pronta.
- Seu homem ideal não se transformará no seu pior pesadelo.
- O relacionamento está fundamentado na realidade e não na fantasia.
- Ele é sincero.
- Ele é estável.
- Ele é sério.
- Ele sabe o que é o amor.
- Ele sabe o significado da palavra compromisso.
- Ela e ele compartilham os mesmos valores.

As mulheres inteligentes sabem que...

Não é sensato deixar o medo da solidão prejudicar o seu julgamento.

Desde que se separou de Jason, Dorothy tem se sentido esmagada pela solidão. A casa lhe parece vazia e sem vida quando chega do trabalho. Os primeiros minutos são sempre os mais difíceis, sobretudo no inverno, quando escurece mais cedo e o vazio da casa é quase palpável. Nas primeiras duas semanas, ela curtiu ficar sozinha porque tinha saído de um relacionamento muito ruim, mas agora passa cada vez mais tempo pensando na própria solidão.

Dorothy tem amigas que dizem que se sentem felizes morando sozinhas, mas não acredita nelas. Não sabe o que fazer com ela mesma quando não tem uma pessoa a seu lado. São muitas as noites em que se surpreende olhando seu apartamento – a vastidão dos armários, todo aquele espaço extra pedindo para ser ocupado por roupas masculinas; a geladeira de 400 litros com apenas duas bandejas de comida de dieta e dois potes de sorvete. É claro que os amigos, a televisão e os telefonemas ajudam a preencher o vazio, mas há noites em que nada parece compensar a ausência de um homem sincero e carinhoso sentado a seu lado no sofá. Ela se preocupa com o fato de estar envelhecendo e com a possibilidade de jamais encontrar o homem certo. Dorothy quer se casar de novo, mas não há candidatos adequados à vista.

Ela tem a impressão de ter passado toda a vida se preocupando com a possibilidade de ficar sozinha. Até mesmo quando era adolescente, Dorothy pensava que não queria acabar como "Beth, a advogada", sua prima solteira. Beth era um tema constante nas discussões da família. Às vezes como objeto de comiseração, às vezes admirada por sua "inteligência", porém sempre descrita como sendo, de alguma forma, incompleta. Na família de Dorothy, o casamento é a coisa mais importante que pode acontecer a uma mulher. Por isso, desde que começou a sair com rapazes, ela sempre vê todos os homens que conhece como possíveis maridos. Com todos os que tentavam beijá-la, ela pensava: "Esta pode ser a minha oportunidade." E com todos os que pareciam estar se afastando, ela se angustiava imaginando: "Posso estar perdendo a minha última oportunidade; acabarei como uma solteirona solitária."

Aos 22 anos, Dorothy conheceu Bob. Soube logo que ele não era realmente o homem certo para ela, mas, preocupada com a possibilidade de ser a sua última boa oportunidade, decidiu que iria aprender a amá-lo e, quando ele a pediu em casamento, aceitou. Os dois se entediavam muito quando estavam juntos, mas ela de fato tentou preservar a união, temendo jamais encontrar um outro homem. Não conseguiu e, após nove anos turbulentos, o inevitável divórcio ocorreu. Dorothy ficou histérica, mas, como não suportava a idéia de passar o resto da vida sozinha, começou a sair alucinadamente. O problema é que, em vez de ser cuidadosa e sensata, em vez de avaliar incompatibilidades ou áreas de conflito, até hoje ela sempre descarta preocupações legítimas e está pronta para se amarrar a alguém.

Por exemplo, houve Stuart, que era um homem adorável, mas que não tinha nada em comum com ela. Nada! Ela adorava músicas românticas, enquanto ele só tinha ouvidos para Pavarotti; ela tendia um pouco para a esquerda, ele achava que apenas Nixon era superior a Ronald Reagan; ela achava que seu psiquiatra era a influência mais importante em sua vida, ele ridicularizava terapias e qualquer pessoa que acreditava nelas. Os dois não conseguiam nem mesmo encontrar um filme ou um restaurante que ambos apreciassem. Embora Dorothy percebesse que eles discordavam em tudo, ela continuava preocupada com a possibilidade de aquela ser a sua última chance. Eles eram totalmente incompatíveis. Por fim, dois anos depois, durante um jantar em um restaurante, uma discussão banal sobre o gosto do peixe evoluiu para uma enorme discussão sobre todas as diferenças que os separavam. Ambos ficaram tão descontrolados que foi preciso o maître pedir-lhes para encerrar a discussão. E eles encerraram – a discussão e o relacionamento.

A seguir houve o Glen. Ele só se interessava por esportes e pela seção de histórias em quadrinhos do jornal. Gostava de chamá-la de "amorzinho" e esperava que ela lavasse suas cuecas e servisse cerveja e salgadinhos para ele e os amigos que vinham assistir à televisão todos os fins de semana. Glen não falava muito, mas, depois de Stuart, que opinava sobre tudo, Dorothy não se importava. Estava disposta a passar a vida num estádio de futebol em troca da segurança de ser esposa em tempo integral, mas, felizmente para todos, uma antiga namorada que era chefe da torcida telefonou um dia para Glen, e o resto virou história.

Por fim, veio o Jason. Era 25 anos mais velho do que Dorothy e queria se mudar para uma fazenda no interior e diminuir seu ritmo de trabalho. Ela achava que ele era "sério". Além disso, não discutia nem se interessava por esportes. Mais uma vez, Dorothy também o imaginou como uma possível última chance e por isso largou o emprego novo que adorava e se mudou para o interior, torcendo para dar certo. Vinte e quatro horas depois da chegada sentiu-se como se tivesse envelhecido 20 anos.

Embora já tenha tido mais quatro oportunidades, Dorothy continua se preocupando com a possibilidade de acabar sozinha e acredita mais do que nunca que o próximo homem que surgir será realmente a sua última chance.

Gostar da própria companhia é pré-requisito para ter sucesso com um parceiro.

~

Estar casada com o homem errado é como estar na prisão – a diferença é que você precisa preparar suas próprias refeições e as dele.

~

Viver com o homem errado pode ser mil vezes mais solitário do que viver sem nenhum.

As mulheres inteligentes sabem que...

O vício do sexo é um problema muito complexo, e você não tem como ajudar um homem a solucioná-lo.

Se você já esteve envolvida com um homem que é cronicamente infiel, você sabe o quanto isso dói, o quanto isso a deixa confusa e impotente. Quando uma mulher descobre que seu parceiro está indo para a cama com outra mulher, em geral ela acha que isso ocorre por culpa dela ou do relacionamento. O que normalmente não consegue perceber é que o comportamento sexual de um homem pode não ter nada a ver com ela, ou até mesmo com a mulher com quem ele está envolvido.

As mulheres inteligentes sabem que...

Alguns homens são *sempre* infiéis, seja qual for a mulher com quem estejam se relacionando.

Para esses homens, não importa que suas parceiras sejam lindas ou charmosas. O que de fato os excita é a concretização de uma fantasia e a aventura de uma nova conquista. É um erro achar que apenas o sexo os estimula. Para alguns, é sexo misturado com a excitação causada pela prevaricação; para outros, é sexo misturado com o fascínio de uma nova parceira; para outros ainda, é sexo misturado com a empolgação da experiência, ou a realização de fantasias de poder e de controle.

Para uma mulher, qualquer que seja o motivo da infidelidade, esse tipo de comportamento é sempre muito nocivo. Mas convença-se: é problema *dele*, e não há nada que *você* possa fazer, sozinha, para efetuar a mudança desejada.

As mulheres inteligentes sabem que...

Se você está envolvida com um homem que é cronicamente infiel, a melhor coisa a fazer é dar a ele o número do telefone da sucursal dos "galinhas anônimos"... e depois se mandar.

As mulheres inteligentes sabem que...

Se ele nunca foi fiel a nenhuma outra mulher, você não deve esperar que ele seja fiel a você.

Debra está bastante envolvida com Tim. No entanto, fica muito apreensiva por causa do histórico dele com mulheres, caracterizado por repetidas infidelidades e escapulidas sexuais. Ele mesmo lhe contou que sua primeira esposa o deixou porque ele estava tendo um caso com a vizinha de porta. Acrescentou que a esposa sabia apenas de metade da história, pois ele também estava transando com uma das sopranos do coral da igreja. Debra conheceu Tim no trabalho, e mesmo antes de ele lhe contar seu passado sexual ela já ouvira inúmeros comentários sobre a fama dele com as mulheres. Dizia-se que até mesmo a esposa do gerente distrital estava na sua lista de conquistas.

Debra acha que vai ser diferente com ela, que os dias de galinhagem de Tim acabaram. Primeiro, porque ele critica todos os homens que traem suas parceiras. Segundo, porque ele condenou seu próprio comportamento marital, dando a entender que aquilo era coisa do passado. Além disso, eles estão tendo um relacionamento sexual tão tórrido que ela não pode conceber a possibilidade de ele querer qualquer outra pessoa. Tim é o homem mais sensual que Debra já conheceu. É insaciável, está sempre com vontade de "ir para a cama" com ela. Esta é uma das coisas que ela considera especiais no relacionamento deles.

Embora Tim não tenha dito nada, Debra está convencida de que ele traía a esposa porque não estava sexualmente satisfeito.

Ela tem certeza de que, nesse aspecto, ele está plenamente satisfeito agora.

No entanto, duas semanas atrás, ao chegar duas horas atrasado para se encontrar com ela em uma festa, Tim lhe deu uma desculpa bem esfarrapada. Desde então, ele parece um pouco diferente e já são várias as suas ausências injustificadas. Debra o confrontou com seus temores, mas ele lhe assegurou que suas preocupações eram infundadas. Ela está começando a questionar o comportamento dele, mas fica com raiva de si mesma por estar suspeitando do namorado. Debra não quer começar a usar vapor para abrir os envelopes de sua correspondência, nem a vasculhar seus bolsos, mas algo a está deixando inquieta. Será possível? Será que ele já a está traindo?

As mulheres inteligentes sabem que...

Há duas boas razões para você ser sempre a última a saber:

- Seu parceiro é sempre o último a lhe contar.
- Você não quer *realmente* saber.

~

O amor de uma boa mulher não é suficiente para mudar o comportamento de um homem cronicamente infiel.

~

Muitos homens cronicamente infiéis reconhecem que o melhor sexo é o que eles fazem com suas parceiras fixas – mas isso não importa.

~

Quando se trata de sexo, alguns homens são completamente levados pela fantasia e, por essa razão, parecem insaciáveis.

~

Não é seguro seguir um homem que se deixa conduzir por seus órgãos genitais.

~

Os homens que são cronicamente infiéis são também cronicamente descuidados em relação à possibilidade de serem pegos... isso faz parte da excitação.

~

O histórico sexual de seu parceiro é um dos principais indicadores de seu comportamento sexual no futuro.

~

O fato de um homem criticar "homens que traem suas parceiras" não significa que ele não faça isso... na realidade, às vezes é um indício de que ele faz.

As mulheres inteligentes sabem que...

São duas as situações em que você pode sentir ciúmes: quando ele faz com que você sinta ciúmes e quando você se torna ciumenta. Ambas freqüentemente ocorrem ao mesmo tempo.

As mulheres inteligentes sabem que...

Se você está envolvida com um homem que lhe provoca ciúmes, é aconselhável investigar melhor o relacionamento, o seu parceiro e as suas próprias reações.

Todo mundo já sentiu ciúme e conseqüentemente raiva, perplexidade, mágoa e incerteza em uma ou mais ocasiões. Todas nós sabemos quais são os sentimentos que o ciúme provoca. No entanto, o que nem sempre sabemos é se o ciúme é justificado. Por exemplo:

- Você pode se perguntar se a qualidade do relacionamento justifica o ciúme.
- Você pode se perguntar se o seu ciúme é fruto da sua imaginação, sem nenhuma base na realidade.
- Você pode se perguntar se está criando problemas simplesmente ao imaginar a possibilidade de infidelidade de um parceiro.

Aqui estão algumas perguntas para você se fazer:

O seu parceiro é verdadeiramente o seu parceiro?

Antes de decidir se o seu ciúme é ou não justificado, você precisa determinar o tipo do seu relacionamento. A fidelidade faz parte do contrato entre vocês dois? Ou você está envolvida com alguém que deixou claro que está saindo com outras mulheres?

As mulheres inteligentes sabem que...

Se ele não é monógamo e você não consegue conviver com isso, não é o seu ciúme que deveria ser questionado – mas todo o relacionamento e o motivo de você insistir nele.

O seu parceiro está efetivamente destruindo o contrato que vocês estabeleceram?

A monogamia é considerada primordial em certos tipos de relacionamentos. Casamentos, noivados, morar junto, ou seja, relacionamentos a longo prazo pressupõem uma expectativa de fidelidade.

As mulheres inteligentes sabem que...

Se a monogamia faz parte de um contrato que seu parceiro não está cumprindo, então o ciúme é totalmente justificado. No entanto, seria mais apropriado reexaminar o relacionamento de vocês dois, com ou sem ajuda externa.

O seu ciúme se baseia em sensações que você não pode confirmar?

Às vezes o ciúme se baseia em uma "sensação" vaga que não pode ser definida nem confirmada. "Como posso ter certeza de que ele está realmente saindo com alguém ou se é pura imaginação minha?" é a pergunta que a maioria das mulheres faz. E a única resposta é: você não pode nunca ter 100% de certeza. Entretanto, você pode se fazer as seguintes perguntas:

- Você é uma pessoa muito ciumenta?
- Você costuma se sentir insegura em seus relacionamentos?

- O seu ciúme se baseia em fantasias que você cria na sua própria mente ou em informações concretas que obteve?
- Você freqüentemente se pega precisando de mais garantia do que qualquer parceiro poderia lhe proporcionar?

Se você é uma mulher ciumenta, é bem possível que seu ciúme seja causado por sua própria insegurança. No entanto, existem mulheres que são muito inseguras e que involuntariamente se envolvem com homens que reforçam essa insegurança.

As mulheres inteligentes sabem que...

> Não importa se ele está fazendo de fato alguma coisa ou se você está apenas imaginando. Quando um relacionamento faz você sentir ciúmes e reagir com antigos padrões de autodestruição, então provavelmente está na hora de você examinar o relacionamento e suas próprias reações com a ajuda de um profissional.

A mulher inteligente tem o bom senso de gostar de um homem que:

- Tem uma vida plena sem ela, mas quer estar com ela mesmo assim.
- Escuta quando ela fala com ele.
- Não tem vergonha de pedir informações quando está perdido.
- Jamais dá ordens a ela ou a qualquer pessoa que esteja por perto.
- Não dirige como um piloto de carros de corrida.
- Quer que sua esposa tenha os mesmos direitos que ele.
- Jamais a ameaça.
- Prioriza seus entes queridos.
- Está mais preocupado com o que os filhos vão pensar dele do que com a impressão que vai causar ao resto do mundo.

As mulheres inteligentes sabem que...

É preciso ter muita cautela com um homem que sempre joga para ganhar – lembre-se, ele nem sempre joga limpo.

Barbara sempre sentiu atração por "homens poderosos". Mesmo no tempo de escola, esse era o tipo de homem que alimentava suas fantasias. Por exemplo, quando estava no segundo ano do ensino médio, ela se apaixonou por um cara que era representante de turma do terceiro ano e líder da equipe de debate. Mesmo depois de ele ter se formado, ela continuou a manter um retrato da turma dele escondido no armário. Totalmente seguro de si, ele provavelmente alcançaria o sucesso. Barbara costumava sonhar que ele se tornaria presidente da República e ela, é claro, estaria a seu lado como primeira-dama. Durante algum tempo, achou que ele talvez a convidasse para sair, mas a concorrência era grande e ela não teve oportunidade.

Aos 24 anos, Barbara conheceu Stan, um ambicioso advogado. Ele era muito seguro de si, e logo no início do relacionamento disse a ela que estava preparado para arriscar tudo em busca de poder, glória e sucesso. Quando se conheceram, o que provavelmente mais a impressionou foi a maneira como as outras pessoas o tratavam. Stan instintivamente sabia como agir para que os outros fizessem o que ele queria. Família, amigos, secretárias, colegas de trabalho, maîtres – todos tentavam sempre lhe agradar. Algumas pessoas poderiam descrever o comportamento dele como arrogante ou controlador, mas era justamente isso o que mais a atraía... no início. Depois de dois anos de casados, o ponto de vista de Barbara tinha mudado completamente. Afinal, ela agora era uma dessas pessoas que ele tentava controlar. Seu autoritarismo e as qualidades que antes ela considerava atraentes tinham se tornado detestáveis. Descobriu que ele só se importava com suas próprias necessidades. Vivia mandando nela, raramente voltava cedo para casa, e ela começou a suspeitar que, além do trabalho, suas noitadas envolviam mulheres. Quando ela reclamava, a situação piorava. O relacionamento entre os dois só funcionava bem quando ela fazia tudo o que ele queria e não reclamava de nada.

Barbara contou que, quando disse a Stan que queria o divórcio, ele não conseguiu acreditar que ela o estivesse enfrentando. Como sempre, ele estava determinado a fazer o que queria, o que tornou o processo de separação repugnante, sórdido e agressivo. Ela ficou tão exausta que passou dois anos sem se interessar por homem algum.

Agora, Barbara finalmente está se sentindo curada e começando a olhar à sua volta. Ela sabe do que gosta em um homem. Ela gosta de homens seguros de si, que demonstram autoconfiança. Ela gosta de homens que parecem poder dominar o mundo, que a façam sentir-se protegida. Mas ela também se lembra de que, todas as vezes que se envolveu com um homem que queria conquistar o mundo, acabou derrotada.

As mulheres inteligentes sabem que...

O homem que quer dominar o mundo provavelmente tentará dominar você também.

~

Quando o bebê estiver chorando às três da madrugada, você ficará mais feliz com um parceiro que está ao seu lado do que com um que está na Arábia Saudita fechando um grande negócio.

~

Para um homem que verdadeiramente almeja o poder, o amor sempre desempenhará um inexpressivo papel secundário.

~

Atrás de muitos homens poderosos caminham muitas esposas solitárias.

~

Um homem com uma sede insaciável de poder muitas vezes demonstra o mesmo apetite por mulheres.

~

No final do segundo ano de casamento, a delicadeza e a consideração valem muito mais do que a busca do sucesso.

~

Se você se envolver com um homem que é conhecido por todos os maîtres da cidade, prepare-se para passar várias noites em casa sozinha.

As mulheres inteligentes sabem que...

Após o término de um casamento ou de qualquer outro relacionamento importante, uma mulher deveria passar por um período de adaptação até estar pronta para ter um relacionamento sério com outro homem. Ela deveria estar preparada para se sentir:

- Tão vulnerável quanto uma garota de 16 anos. Por esse motivo, ela precisa se proteger muito.
- Ainda furiosa com seu ex. Por isso, deve ter muito cuidado para não transferir esse sentimento de raiva para outro homem.
- Totalmente confusa sobre o que é esperado dela em um relacionamento em que não há compromisso. É por isso que ela deve evitar situações comprometedoras.
- Supersensível a tudo o que lhe parecer rejeição. Isso poderá levá-la a ter reações destemperadas a comportamentos perfeitamente aceitáveis de parceiros eventuais.
- Extremamente carente e ávida por ser aceita e aprovada. Por esse motivo, poderá se enamorar muito rapidamente de qualquer homem que lhe dê segurança e apoio em áreas em que seu ex falhou.

As mulheres inteligentes sabem que...

Depois de um divórcio, é inteligente reaprender as técnicas básicas da paquera.

Connie se divorciou há vários meses e a hora da verdade está se aproximando. Depois de resistir muito, foi convencida pelos amigos de que está pronta para voltar a sair com homens. Mas, como começar a fazer isso quando, nos últimos 12 anos, a única relação que teve com um homem foi dentro do contexto do casamento? Embora ela achasse seu casamento horrível, aquele homem era seu marido; eles tinham um compromisso, responsabilidades um com o outro. O que irá acontecer quando ela estiver com alguém a quem não deve nada e que não lhe deve nada também? Isso é um enigma, e Connie se encontra prestes a descobrir o que ele significa... e está apavorada.

Amanhã à noite ela sairá pela primeira vez com Adam, primo de uma colega de trabalho. Connie o viu umas duas vezes quando ele foi visitar a prima e, sem dúvida, o acha muito atraente. Mas será que ele é tão simpático quanto bonito? O que uma mulher faz em um primeiro encontro hoje em dia? Será que é como nos filmes, com todo mundo correndo para a cama na primeira oportunidade? E o controle da natalidade?... E as doenças sexualmente transmissíveis? Como é que se abordam esses assuntos? O sexo pode ser algo maravilhoso, mas será que vale a pena? Ela precisa obter algumas respostas *bem depressa*.

Depois de um divórcio, se você não tomar cuidado, poderá acabar na cama com a pessoa errada só por não saber dizer "não" sem ser indelicada.

~

Depois de um divórcio, as suas expectativas tendem a estar viradas para o lado errado, e por isso você precisa ir superdevagar.

~

Como depois de um divórcio você provavelmente se esqueceu de como é bom se sentir paquerada, você fica particularmente vulnerável a predadores, homens que sabem como fazer uma mulher se sentir bem consigo mesma – temporariamente.

~

O fato de já ter sido casada não significa que você seja obrigada a ir para a cama com um homem na primeira vez que sai com ele... ou em qualquer ocasião. Se você se sentir obrigada a demonstrar sua gratidão por um homem que lhe pagou um jantar caro, agradeça enviando uma caixa de bombons.

As mulheres inteligentes sabem que:

- A ameaça de doenças sexualmente transmissíveis afeta todas nós, por isso devemos tomar o máximo de cuidado.
- Praticar sexo seguro envolve muito mais do que ter uma camisinha na bolsa.
- Camisinhas feitas com "pele natural" podem ser mais confortáveis, mas não oferecem uma proteção segura contra as DSTs (doenças sexualmente transmissíveis).
- Embora a camisinha de borracha seja o único tipo de preservativo capaz de ajudar na prevenção às DSTs, ela não apresenta 100% de garantia.
- A abstinência é a única proteção completa contra as DSTs.
- Não é inteligente levar uma camisinha na bolsa e não ter coragem de pedir ao seu parceiro para usá-la.
- O sexo oral não protege contra as doenças sexualmente transmissíveis.
- A AIDS não é a única doença sexualmente transmissível.

- Existem vários cremes anticoncepcionais que, usados com a camisinha, podem ajudar na prevenção de algumas DSTs, inclusive a AIDS. Consulte seu médico.
- É possível contrair qualquer uma das doenças sexualmente transmissíveis em uma única relação sexual com um parceiro infectado.

As mulheres inteligentes sabem que...

Atualmente, um relacionamento sexual significativo não começa mais com um beijo; ele começa com uma conversa sobre proteção a doenças sexualmente transmissíveis.

Anita já saiu quatro vezes com Tom. A primeira vez foi um almoço. Ele disse "Vou lhe telefonar em breve" e, maravilha das maravilhas, telefonou. A segunda foi o "tal" do jantar. Na hora da despedida, ele disse boa-noite junto à porta e lhe deu um beijinho no rosto. A terceira foi uma grande festa seguida de despedidas sonolentas e táxis separados (ele tinha que pegar um vôo cedo na manhã seguinte). A quarta foi um tanto especial, porque ele a convidou para sair com seu melhor amigo e a esposa. Anita achou que tinha passado no "teste" e, por estar se sentindo mais confiante, depois do jantar o levou para seu apartamento, onde ficaram namorando no sofá até a sua companheira de apartamento chegar. Hoje à noite Tom vai preparar um jantar para ela no apartamento dele. Como ele não divide o apartamento com um companheiro que pode chegar em um momento inapropriado, todos sabem o que está prestes a acontecer... Sexo. No entanto, até agora os dois não discutiram os possíveis riscos de uma relação sexual hoje em dia. Embora Tom pareça perfeitamente confiável e saudável, Anita é bastante inteligente para saber que qualquer pessoa pode contrair uma doença sexualmente transmissível.

Ela quer discutir, *antes* de fazerem sexo, os possíveis riscos para ambos de um relacionamento sexual. Ou seja, se existe algum risco, ela quer saber antes de envolver-se com Tom. O que Anita deveria fazer?

As mulheres inteligentes sabem que...

Não é inteligente ter medo de pedir a seu candidato a parceiro informações sobre seu histórico sexual.

~

Não é inteligente ter medo de insistir em um relacionamento sexual monogâmico.

~

A sua principal responsabilidade é proteger-se e proteger o filho que você possa vir a ter no futuro.

~

Se um homem está de fato interessado em ter um relacionamento sério...

...ele concordará em usar preservativos para ter certeza de que nenhum dos dois correrá o risco de pegar uma doença.

...ele aceitará fazer um exame de sangue.

...ele será honesto quanto ao fato de ter herpes, por exemplo, e protegerá sua parceira adequadamente.

...ele concordará em permanecer fiel.

As mulheres inteligentes sabem que...

Se um homem reluta em concordar com qualquer uma dessas condições e você está preocupada com possíveis DSTs, é aconselhável terminar o relacionamento.

As mulheres inteligentes sabem que...
A maioria dos homens está tão preocupada com as doenças sexualmente transmissíveis quanto você.

Anita encheu-se de coragem e abordou o assunto com Tom após o jantar no quinto encontro deles. Estavam sentados de mãos dadas no sofá. Ela sabia que eles iriam acabar indo para a cama, e por isso respirou fundo e começou a falar sobre sexo. Para seu alívio, Tom recebeu bem a iniciativa. Disse a Anita que não transava com ninguém há cerca de um ano, período quase idêntico ao dela. Ambos concordaram que gostavam um do outro e que queriam fazer sexo. Embora tivessem quase certeza de que não tinham transado com nenhuma pessoa de qualquer dos principais grupos de risco, concordaram que um exame de sangue era uma excelente idéia para ambos e decidiram tomar precauções até receberem os resultados dos exames. Anita ficou muito feliz por ter tido a conversa que, se por um lado talvez tenha diminuído um pouco o romantismo da situação, por outro aumentou a sensação de intimidade e confiança entre os dois.

As mulheres inteligentes sabem que...
Não há nada de errado e é perfeitamente apropriado ter uma conversa séria sobre o perigo de doenças sexualmente transmissíveis com um possível parceiro.

As mulheres inteligentes sabem que...

Você só deve acreditar em um homem
que diz “vou tirar” quando está
esperando para estacionar na vaga
que ele está ocupando.

As mulheres inteligentes sabem que...

Engravidar não é a maneira ideal de começar um relacionamento.

~

Tom e Anita estão prestes a comemorar os resultados de seus exames de sangue. Eles poderão respirar aliviados e ele está ansioso para atirar na lareira as camisinhas que sobraram.

No entanto, ela não está tão ansiosa assim para alimentar o fogo da lareira, porque eles ainda não discutiram sobre como evitar filhos. Anita não quer diminuir o entusiasmo de Tom com mais uma discussão séria, mas sabe muito bem que não deseja engravidar. O que deveria fazer? O que deveria saber? O que deveria dizer?

Uma mulher inteligente sabe que são apenas duas as ocasiões em que ela pode engravidar – quando ela quer... e quando ela não quer.

~

Uma mulher inteligente sabe também que só pode confiar em si mesma para proteger o seu corpo.

~

Uma mulher inteligente sabe que é melhor enfrentar abertamente a questão com seu parceiro do que ter de enfrentar as conseqüências de uma gravidez não planejada.

~

Uma mulher inteligente sabe que, em relação a uma conversa sobre o uso de métodos anticoncepcionais, a maioria dos homens se sente tão desconfortável quanto as mulheres.

~

Uma mulher inteligente sabe que os homens acham que é obrigação da mulher se precaver porque "o corpo é dela".

~

Uma mulher inteligente sabe que a maioria dos homens não fala nada sobre métodos anticoncepcionais porque acha que, quando a mulher não toca no assunto, isso quer dizer que ela está cuidando disso (isto é, está tomando pílula anticoncepcional, usando um DIU ou um diafragma).

~

Uma mulher inteligente sabe que, se por algum motivo ela não estiver usando qualquer método anticoncepcional, cabe a ela dizer alguma coisa.

~

Uma mulher inteligente é suficientemente inteligente para discutir a utilização de métodos anticoncepcionais enquanto está vestida.

As mulheres inteligentes sabem que em um bom relacionamento:

- Os parceiros se apóiam para resolver seus problemas e alcançar seus objetivos.
- Nenhum dos parceiros tenta mudar nem controlar o outro.
- Os parceiros aceitam os limites um do outro.
- Nenhum dos parceiros insiste em amor incondicional.
- Os parceiros respeitam os parâmetros um do outro.
- Nenhum dos parceiros se incomoda com a individualidade do outro.
- Ambos os parceiros têm os mesmos direitos.
- Ambos os parceiros estão verdadeira e igualmente comprometidos.

As mulheres inteligentes sabem que...

Um homem inseguro e abusivo acha mais fácil derrubar você do que elevar-se até o seu nível.

Karen começou a sair com Ed porque ele parecia realmente interessado nela. Agora que está saindo com ele há pouco mais de seis meses, ela está ficando apavorada. Ed mudou drasticamente. Quando se conheceram, ele se mostrou gentil, delicado e atencioso. Era isso o que ela gostava nele; isso e o fato de ele insistir, sem parar, para que fossem morar juntos. Ela gostava de se sentir tão desejada, pois isso lhe dava segurança.

O pior defeito de Ed era provavelmente a sua excessiva insegurança. Karen achava que os pais dele deviam ter feito alguma coisa errada e decidiu ajudá-lo a se sentir mais seguro, mais confiante.

Mas, após terem ido morar juntos, tudo mudou. Ed começou a criticá-la. No começo, coisas bobas como a maneira como ela preparava os ovos e arrumava a cama. No início, Karen não discutia com ele, porque achava que tudo melhoraria assim que ele se sentisse mais seguro. Atualmente, ele não perde oportunidade de criticá-la, encontrando defeito em tudo o que ela faz. Critica a maneira como ela se veste, a maneira como come e o que come.

Em vez de se tornar mais autoconfiante, Ed está cada vez mais paranóico. Qualquer coisa o deixa com ciúmes. No começo, Karen achava que era porque ele a amava muito – agora, ela acha que é doença. Todas as vezes que sai, ela precisa dar a ele uma descrição detalhada de como empregou o tempo em que esteve fora de casa. Ele monitora seus telefonemas, a controla na relação sexual e está ficando insuportável. Às vezes grita com ela sem motivo algum e diz que ela não presta atenção quando ele fala. Ed parece totalmente irracional e está se tornando quase assustador.

Depois das grandes agressões, às vezes ele parece ficar sinceramente arrependido e pede desculpas. Karen tem a sensação de que sua vida é governada pelos humores de Ed. Ela percebe que está ficando cada vez mais dependente dele, o que lhe dá ódio. Ela não compreende o que se passa com ele, não sabe o que fazer, mas se preocupa com a possibilidade de as coisas ficarem fora de controle. Quando é contrariado, Ed fica tão furioso que ela sente medo de ser agredida.

Karen não tem certeza, mas começa a achar que está sofrendo abuso emocional.

As mulheres inteligentes sabem que...

Não importa se o abuso é emocional ou físico. Um abuso é sempre um abuso.

~

Se um homem a humilha, ele está tentando diminuir a sua auto-estima para torná-la mais dependente dele.

~

Um comportamento abusivo freqüentemente se manifesta em estágios, e o abuso emocional precede o abuso físico. *Nenhuma* forma de abuso é aceitável.

As mulheres inteligentes sabem que...

Se um homem parece obcecado em tentar controlar você e seu modo de agir, ele está sendo emocionalmente abusivo.

~

Existe uma diferença entre ser prestativo e útil e ser controlador. Se um homem está sendo prestativo e útil, ele está tentando ajudá-la. Se procura controlar, ele está fazendo isso em seu próprio benefício. Uma mulher inteligente sabe que são inúmeras as maneiras pelas quais um homem controlador pode tentar manipulá-la.

- Ele pode tentar controlá-la com dinheiro.
- Ele pode tentar controlá-la sabotando o seu trabalho ou outros interesses seus.
- Ele pode tentar controlá-la tentando destruir o seu ego (encontrando defeitos, humilhando-a, ridicularizando suas conquistas).
- Ele pode tentar controlá-la isolando-a ou afastando-a de seus amigos e de sua família.
- Ele pode tentar controlá-la com exigências incessantes.
- Ele pode tentar controlá-la com ameaças (de infidelidade ou de ir embora, por exemplo).
- Ele pode tentar controlá-la com suas oscilações de humor.
- Ele pode tentar controlá-la com seu distanciamento.
- Ele pode tentar controlá-la com seu temperamento.

As mulheres inteligentes sabem que...

O homem abusivo não é um mito; qualquer mulher pode conhecer um, e ele pode ser encontrado em todas as faixas etárias e em todas as classes sociais.

Donna está se recuperando de um relacionamento com um homem doentiamente ciumento. Ele a insultava desde o dia em que foram morar juntos e por fim começou a agredi-la todas as vezes que bebia demais. No começo, ela associava esse tipo de comportamento exclusivamente ao consumo de bebidas ou drogas. Mas se deu conta da realidade depois de conversar com mulheres que já tinham se envolvido com homens violentos que não bebiam nem consumiam drogas. Donna gostaria de ser orientada para identificar o problema e conseguir se manter longe de um homem capaz de se tornar abusivo.

As mulheres inteligentes sabem que...

É aconselhável reconhecer os sinais de alerta de um homem potencialmente abusivo. Quanto mais sinais ele emitir, maior é o risco que você está correndo, e maior é a necessidade de proteger-se de um possível envolvimento.

- Ele parece ser viciado em bebidas alcoólicas ou drogas?
- Ele tem um histórico de problemas relacionados a trabalho?
- Ele não possui amigos próximos nem pessoas que o conhecem há muito tempo?
- Você tem a sensação de que ele precisa ser salvo?
- Ele é muito possessivo?
- Ele está insistindo para assumir um compromisso que você considera prematuro?
- Ele manifesta ciúmes injustificados?
- Ele tenta isolar você de seus amigos e de sua família?
- Há algo errado com a auto-estima dele?
- Ele está afastado de seu meio social (não tem raízes verdadeiras)?
- Ele a faz se sentir como se você fosse a única pessoa que pode compreendê-lo ou se importar com ele?
- Ele parece ter mau gênio ou uma baixa tolerância à frustração?

As mulheres inteligentes sabem que...

Nunca é inteligente se curvar muito para agradar a um homem.

Quando uma mulher se sujeita totalmente a um homem, muda sua agenda para se acomodar à dele, muda suas necessidades para satisfazer as dele, muda suas prioridades para encaixar as dele, ela geralmente justifica suas atitudes dizendo que ninguém a está forçando a fazer isso – que a opção é exclusivamente dela e que é isso o que ela deseja. Entretanto, uma mulher inteligente sabe que essa não é uma atitude inteligente.

Muitas mulheres cometem o erro de alterar suas vidas para que todas as suas escolhas reflitam o que elas consideram ser as necessidades masculinas. Porém, atualmente poucos homens apreciam de fato esse tipo de comportamento. A maioria tende a ver essa atitude como uma demonstração de expectativa ou como uma exigência para ele se comportar adequadamente. Alguns logo perdem o interesse; outros tiram proveito da situação temporariamente.

As mulheres inteligentes sabem que...

A dependência funciona como uma ducha de água fria: ela esfria os ânimos, em vez de aquecê-los.

As mulheres inteligentes sabem que...

Um relacionamento com um homem deveria enriquecer a sua vida, e não moldá-la.

Bonnie reconhece que tem dificuldade em acertar nos seus relacionamentos. Embora a maioria das pessoas a considere auto-suficiente, competente e independente, quando conhece um homem de quem gosta ela se entrega demais a ele. Quase contra a sua vontade, ela se torna grudenta, carente e insegura. Em resumo, ela se envolve demais e se torna muito dependente.

Bonnie fica ansiosa se o homem não lhe telefona todos os dias – mesmo no início do relacionamento. Ela fica nervosa se não sabe ao certo quando irá vê-lo de novo. Por exemplo, quando chega em casa após um programa com um homem de quem gosta, Bonnie muitas vezes se surpreende estendendo a mão para pegar o telefone e ligar para ele. Ela não consegue suportar a ansiedade da espera e da incerteza. Antes mesmo de ter certeza se gosta ou não de um homem, ela começa a pensar sobre todas as pequenas coisas que quer compartilhar com ele. Ela se dispõe a abdicar de seus amigos, de seus planos e de seu estilo de vida logo após conhecer alguém. Parece idiotice, mas Bonnie tem medo de fazer outros planos, porque aí "ele" pode telefonar e convidá-la para sair. Ela se preocupa com a possibilidade de perder a oportunidade de "tê-lo" se não estiver completamente disponível para ele.

Bonnie começou a sair com Daniel, um advogado que ela conheceu dois meses antes. No início, o relacionamento estava muito equilibrado. Ele se mostrava visivelmente interessado e tudo parecia correr bem. Ela se sentia calma e no controle de si mesma e de seus sentimentos. Então, depois da quarta saída, foram se aproximando cada vez mais e acabaram indo para a cama. Esse é o ponto em que Bonnie sempre começa a ficar ansiosa. Após uma relação sexual, ela passa a requerer muita atenção, começa a sonhar com o futuro, a imaginar o tipo de vida que "os dois" terão e a tentar empurrar o relacionamento para um novo patamar de intimidade.

Daniel está muito ocupado com sua carreira, e um namoro firme não é a sua maior prioridade. Entretanto, eles se gostam e há muito espaço para o relacionamento evoluir. Como Bonnie já percebeu que ele não aprecia muito mulheres carentes, ela faz o possível para controlar a sua ansiedade. Por exemplo, em vez de telefonar para ele quando se sente insegura, ela telefona para suas amigas.

Bonnie não sabe ao certo se seus dois últimos namoros acabaram por causa da pressão de suas exigências. Ela não quer que isso aconteça de novo, mas não sabe como agir. Ela não quer ser insistente, mas acha que obter a aprovação de um homem é o mesmo que ser feminina.

As mulheres inteligentes sabem que...

Os homens respeitam as mulheres que mantêm seus limites.

~

A melhor maneira de desenvolver um bom relacionamento com alguém é ter um bom relacionamento com você mesma.

~

Uma mulher atraente não redefine suas prioridades todas as vezes que conhece um possível parceiro.

~

O homem que está interessado em você não vai desaparecer só porque você está ocupada.

~

Não é inteligente tecer fantasias sobre "uma vida" com alguém que você mal conhece.

~

Quanto mais forte e independente você for, melhores serão os seus relacionamentos.

~

Grudenta não é sinônimo de feminina.

As mulheres inteligentes sabem que...

Em um relacionamento, não é inteligente estabelecer um padrão no qual "ele" se torna o sultão e você a serviçal dele.

Querendo ou não, nós ainda continuamos condicionadas pelos estereótipos dos anos 1950. Como poderia ser diferente? Em qualquer banca de jornal podemos ver revistas que se dedicam exclusivamente a habilidades domésticas como cozinhar, receber bem, controlar gastos e decorar a casa. Desde que estejam no lugar certo e no momento certo, não há nada de errado com essas coisas. No entanto, o início de um relacionamento não é o lugar certo nem o momento certo.

Se você insistir em desfilar todas as suas habilidades domésticas no início de um relacionamento, a maioria dos homens não saberá bem o que fazer. É provável que ele imagine imediatamente que você está tentando convencê-lo a casar com você ou que está querendo levá-lo para a cama. Em geral, esse tipo de atitude o faz se sentir desconfortável. Resultado: em vez de apreciar o quanto é maravilhosa, ele pode achar que, pelo fato de você estar se esforçando tanto, existe algo de errado com você.

Uma mulher inteligente sabe que:

- Não precisa provar o seu valor.
- Não precisa provar que é inteligente.
- Não precisa provar que é uma boa pessoa.
- Não precisa provar que é uma excelente cozinheira.
- Não precisa provar que é engraçada.
- Não precisa provar que é atenciosa.
- Etc., etc., etc.

As mulheres inteligentes sabem que...

Se você realmente adora cozinhar, cozinhe para seus amigos, e não para o homem com quem você está saindo.

~

Diana quer que Ted goste dela. Eles já saíram algumas vezes e em uma dessas ocasiões ele lhe disse que estava cansado de comer em restaurantes. Após consultar duas amigas, ela o convidou para jantar, achando que uma refeição feita em casa poderia cativá-lo. Seguiu todas as dicas do último número de sua revista feminina favorita para um jantar romântico: velas, vinho, salmão assado, suflê de limão, música de fundo.

Na véspera do "grande jantar", ela passou várias horas chatérrimas limpando seu apartamento – encerando, polindo, lavando. Quando acabou, o apartamento estava tinindo. No grande dia, ela saiu do escritório na hora do almoço e, antes de ir para casa, parou na peixaria e no mercado para comprar legumes (tudo precisava estar fresco, é claro). Guardou tudo e arrumou a mesa antes de voltar correndo para uma reunião importante no escritório. Às 5h45, voou para casa, onde chegou às 6h15, a tempo de dar os últimos retoques: colocar as velas, preparar o molho da salada, lavar a rúcula e arrumar as flores. Às 6h45, ela entrou no chuveiro e, às 7h05, quando a campainha tocou, a salada estava pronta, o salmão quase assado e o suflê esperando para ir ao forno. Diana estava elegante e bonita... mas exausta.

Ela é, sem dúvida, eficiente, mas será que está sendo inteligente? Será que seu esforço produzirá o efeito desejado?

Se um homem gosta realmente de você, ele levará meses até perceber se você sabe ou não botar água para ferver.

~

Se ele se apaixonar por você, vai ser pelo que você é e não porque você sabe grelhar um bife.

~

Uma refeição feita em casa, por mais perfeita que seja, não é mais o melhor caminho para conquistar um homem.

~

Você pode "brincar de casinha" com seu marido, mas não com o cara com quem você está saindo.

~

Tentativas de mostrar que você poderá vir a ser uma "esposa perfeita" geralmente produzem o efeito contrário.

~

Jantares caprichados no início de um relacionamento muitas vezes dão a impressão de que você está "se esforçando demais".

~

Além de não ser necessário, não é inteligente ficar exausta para impressionar um homem.

~

Habilidades domésticas afugentam alguns homens.

~

Muitos homens reagem a uma refeição feita em casa como a uma armadilha para pegar marido; é muito tênue a linha entre impressionar um homem e assustá-lo.

Uma mulher inteligente reconhece o momento
de abandonar um projeto sem futuro.

O relacionamento já dura mais de dois anos, e até agora nada mudou. Ele continua a ser o mesmo homem por quem você se apaixonou, mas ainda está longe de se tornar o tipo de homem que poderá lhe dar o que você quer. Houve muita pressão de ambas as partes – além de várias mensagens confusas. Há momentos em que o relacionamento parece quase idílico, mas, em geral, lembra o inferno. Apesar de todas as dificuldades, você continua a amá-lo muito. Na realidade, como vocês dois já enfrentaram tantas coisas juntos, às vezes você acha que o vínculo que os une é mais forte do que o de um casal comemorando bodas de ouro. No entanto, apesar do que você faz, diz e sente, o relacionamento não está indo a lugar nenhum.

É doloroso e triste, mas, quando você o analisa friamente – pensa sobre quem ele é e como ele é –, percebe que os seus sonhos de um futuro com esse homem não irão se concretizar.

As mulheres inteligentes sabem que...
Embora seja doloroso abandonar um sonho,
às vezes é a única coisa inteligente a fazer.

As mulheres inteligentes sabem que...

Esperar que um homem mude é como esperar que lhe digam que você ganhou na loteria.

Laura está loucamente apaixonada por Phil. Ela se apaixonou por ele há muitos anos e acredita que ele esteja apaixonado por ela também. Esta convicção vem do fato de ele voltar sempre para ela. Phil também é muito sensual, e o sexo entre os dois é fantástico. Na realidade, tudo é intenso no relacionamento e desde o início se assemelha a uma montanha-russa. Ela acha que a ligação entre eles é cármica e não consegue se imaginar com qualquer outra pessoa. Afinal, eles já viveram tantas coisas juntos.

Laura passa a maior parte do tempo pensando em Phil e falando sobre ele geralmente para a sua melhor amiga, Patti, e para qualquer outra pessoa que se disponha a escutar. Ela também passa uma quantidade de tempo absurda esperando por um telefonema ou por uma visita dele. E Laura tem muito do que falar. Às vezes, ele pára completamente de telefonar. Quando isso acontece, ela fica totalmente sem ação. Phil já teve outros três relacionamentos – que ela saiba. Uma vez, ela jurou não vê-lo nunca mais. Mas, quando ele voltou a telefonar, Laura mudou de idéia. Em um de seus momentos de intimidade, Phil reconheceu que é imaturo. Ele diz que não consegue entender como ela o agüenta.

Veja só, ela está esperando que ele mude, cresça e perceba o quanto ela é importante para ele. Ou seja, Laura está esperando por um milagre. Enquanto isso, ela procura ser compreensiva e carinhosa. Tenta servir de exemplo para ele, e por isso não faz nada que possa ser visto como retaliação. Em outras palavras, ela é totalmente fiel, totalmente leal.

Patti é a única amiga que está disposta a ouvi-la. Elas conversam pelo telefone, ambas torcendo para serem interrompidas por uma ligação "dele". Patti também está esperando – no caso dela, que o homem que ela ama deixe a esposa. As duas têm muita coisa em comum: ambas freqüentemente ficam sozinhas, ambas sentem-se infelizes boa parte do tempo, ambas colocaram suas vidas em "compasso de espera".

As mulheres inteligentes sabem que...

Alguns relacionamentos não deveriam sequer ter começado.

~

Nos filmes de Hollywood, os homens "caem em si" e voltam correndo para aquela "mulher boa" que sempre os amou; no mundo real, as coisas parecem não funcionar assim.

~

Alguns homens de fato mudam, mas, quando isso acontece, eles freqüentemente também trocam de mulher.

~

É inteligente ser bem firme e largar um homem cujas escolhas estão deixando você emocionalmente insegura.

~

Se um homem lhe diz que não sabe como você o agüenta, ele sabe do que está falando.

As mulheres inteligentes sabem que...

É sempre inteligente descobrir o máximo possível sobre um homem *antes* de se envolver com ele, e não depois.

Nada pode revelar melhor o que se deve esperar de um determinado homem do que uma investigação completa da história de vida dele. Se ele não lhe fornecer essas informações, encare isso como um aviso, porque um homem honesto deve ter uma história verídica que inclua:

- um ou mais interesses legítimos
- um histórico profissional verificável que reflita sua educação e origem
- a inexistência de problemas sérios não solucionados, como, por exemplo, o consumo excessivo de álcool ou drogas
- a inexistência de relacionamento sério atual com outras mulheres
- diversos amigos, alguns dos quais ele conheça há muito tempo
- familiares com quem ele ainda mantenha contato
- relacionamentos antigos que não estejam envoltos em mistério

- pelo menos uma ex-namorada com quem ele continue se dando
- pelo menos um período em que não tenha estado envolvido com uma mulher, um período em que tenha se dedicado a outras coisas

As mulheres inteligentes sabem que...

Se você está tentando transformar sua vida em uma novela, está na hora de mudar de canal.

Eles estão saindo há três meses. Já contaram e revelaram tudo um para o outro – suas histórias, seus segredos, suas vidas públicas, suas partes íntimas. Agora chegou a hora de voltar para o mundo real. Um deles quer ler um livro gostoso e assistir a seu programa favorito na televisão. O outro fica nervoso e começa a se perguntar "É só isso?". Não é assim que acontece nos filmes. Como posso saber que aquele que amo me ama de verdade? Onde estão as labaredas?

As mulheres inteligentes sabem que...

Se você quer labaredas todas as noites, entre para o Corpo de Bombeiros.

As mulheres inteligentes sabem que...

Dramalhões são ótimos em peças de teatro, mas péssimos em um relacionamento.

A vida de Allison mais se parece com uma minissérie do que com a vida real. E até ela está começando a compreender por quê. Ao que tudo indica, Allison fica tão tensa em um relacionamento equilibrado e tranqüilo... tão descrente de que ele poderá durar... que constantemente se pega criando crises para aproximar-se mais de Jim. Ou, às vezes, para afastar-se temporariamente. Uma noite, ela se deu conta do que estava fazendo. Os dois jantavam fora, e tudo corria aparentemente bem no relacionamento. Allison começou a ficar inquieta. Parecia não estar acontecendo nada, não haver nada sobre o que conversar, nada com um grau de intensidade muito elevado. Imediatamente ela começou a sentir falta da excitação do início do relacionamento e a aborrecer-se com a monotonia da rotina.

Allison não consegue se lembrar da última vez que seu relacionamento com Jim lhe pareceu estável por mais de cinco minutos. Talvez tenha sido antes de ela ter decidido passar as suas primeiras férias sozinha. Ou será que foi um pouco antes da sua primeira depressão? Ou da noite em que ela falou sem parar sobre seu "bem-sucedido e atraente" novo advogado, e Jim foi embora com um ataque de ciúmes? Quando o relacionamento se acalma, ela fica um pouco amedrontada – e a pergunta "Será que é só isso?" não pára de pipocar em sua cabeça. Se um homem não está brigando com ela... se ela não está recebendo choques emocionais, Allison acha que o amor acabou. E quando ela e o homem de sua vida não estão discutindo, ela se preocupa com a possibilidade de o relacionamento estar muito monótono e de ele se entediar. Por isso sempre tenta acelerar as coisas. Quando sai com um homem, ela nunca quer discutir o filme a que acabaram de assistir – quer sempre conversar sobre o que eles "sentem" um pelo outro e sobre o significado desses sentimentos.

Allison não gosta de se ver como uma pessoa que sabota relacionamentos, mas seu terapeuta e suas amigas estão começando a achar isso. Lembra como ela praticamente empurrou o Mark para os braços de outra mulher ao ser tão possessiva que nunca o perdia de vista? E o Roger... como ele era carinhoso, até ela começar a se sentir sufocada pelas boas intenções dele? Ela lhe pediu espaço e ele concordou... mudou-se para outro estado e um ano depois tinha se casado com outra mulher. É claro que houve o Felix... mas ele tinha sua própria coleção de problemas, inclusive uma esposa e um filho emocionalmente perturbado.

Allison garante que anseia por um relacionamento firme, mas as suas atitudes indicam o contrário. Ela mesma está começando a se perguntar se um dia conseguirá ter um relacionamento tranqüilo e estável. Costumava achar que seu problema era a escolha de homens errados, mas agora não tem mais tanta certeza. Está começando a se perguntar se não é o seu modo de agir.

As mulheres inteligentes sabem que...

Muitos terapeutas dizem que as mulheres que sabotam seus relacionamentos sentem muito medo de serem rejeitadas – e, por isso, antes de sofrerem rejeição, elas rejeitam.

~

A produção de crises perpétuas afastará qualquer homem saudável; no final, apenas os perturbados permanecerão.

~

É inteligente aprender a aceitar e a apreciar os períodos tranqüilos de seus relacionamentos.

As mulheres inteligentes sabem que é aconselhável pensar duas vezes e fazer muitas perguntas antes de continuar um relacionamento com...

...qualquer homem que passe a se interessar menos por você quando você se interessa cada vez mais por ele

ou

...qualquer homem que se interesse mais por você quando você vai se desinteressando dele.

As mulheres inteligentes sabem qual é...
A diferença entre ser manipuladora
e ser cautelosa.

Barbara Jean está tendo muitos problemas com seu namorado, Sam. Não importa o que ele faça ou deixe de fazer, ela continua a agir como se ele fosse a pessoa mais importante do mundo. Algumas amigas, cansadas de vê-la se transformar em um capacho de alguém que não a valoriza, sugerem que ela se comporte de maneira diferente. Assim talvez ela o force a mudar. Aqui estão algumas das coisas que elas sugeriram que ela tentasse. Barbara Jean deveria:

- Fazer-se de difícil e fingir não estar interessada nele.
- Provocar ciúmes dizendo que está saindo com um outro homem.
- Adotar algumas estratégias – tirar o telefone do gancho, verificar quem está ligando antes de atender e fazê-lo pensar que ela nunca está em casa, não retornar a ligação dele imediatamente, pedir a um amigo homem para atender o telefone, ser sempre a primeira a querer desligar.
- Mudar seu modo de agir e se tornar temperamental e imprevisível.
- Dizer não a cada três convites dele para sair.

- Mostrar-se sexualmente insatisfeita ou pronunciar o nome de algum outro homem quando estiverem transando.
- Inventar uma "história" para atrair a atenção dele.
- Etc., etc., etc.

Outras amigas dizem a Barbara Jean que, a longo prazo, essas artimanhas não funcionam. Afirmam que ela não poderá continuar manipulando-o pelo resto da vida. Sugerem que ela tente uma abordagem sincera. Mas ela diz que já foi sincera sobre seus sentimentos e que isso não funcionou.

Como a sua maior preocupação é "não perdê-lo", Barbara Jean está com medo. Acha que Sam poderá sair e conhecer outra pessoa se ela "bancar a difícil". Além disso, diz que não quer usar certos artifícios e que não acha correto fingir ser o que não é. O que ela deveria fazer?

As mulheres inteligentes sabem que a adoção de certas estratégias pode ajudar a mudar um relacionamento, mas sabem também que essa mudança será apenas temporária. Barbara Jean precisa começar a fazer algumas mudanças efetivas na maneira de manifestar seus sentimentos. Isso, sim, irá mudar o relacionamento. Ou seja, ela precisa parar de se preocupar em mudar o comportamento de Sam. Em vez disso, precisa urgentemente começar a rever suas próprias atitudes, para que um dia ela pare de se importar com o que Sam faz ou deixa de fazer. Veja bem: ser cautelosa e cuidar de si mesma não é uma estratégia, mas uma atitude de autoafirmação que produzirá resultados concretos.

As mulheres inteligentes sabem qual é a diferença entre...

...bancar a difícil e ser difícil de conquistar.

...fingir não estar interessada nele e efetivamente ir atrás de seus próprios interesses.

As mulheres inteligentes sabem que...
Não é inteligente aferrar-se ao sofrimento.

Quando um relacionamento com alguém que se ama acaba, é grande a tendência de ficar reexaminando os detalhes: todos os jantares compartilhados, todos os filmes vistos, todas as conversas, todas as nuances, tudo o que ele disse, tudo o que você falou. Você se preocupa em ter dito alguma coisa errada e se pergunta se fez tudo o que podia. Fica aborrecida com você mesma porque não se lembra de tudo – talvez o acontecimento crucial que acabou com o relacionamento tenha ocorrido enquanto você não estava prestando atenção. Esse tipo de dúvida ocorre a todo mundo. É algo muito comum, mas não vai ajudá-la a superar a dor. É normal imaginar como você poderia ter mudado o resultado, e é normal se perguntar se há alguma coisa que você possa dizer ou fazer para corrigir a situação. No entanto, esse tipo de pensamento não a ajudará a cuidar de você mesma... e cuidar de você é a sua principal e primordial responsabilidade.

Uma mulher inteligente sabe que...
Se foi "ele" quem quis a separação, cabe a ele reatar. Você deve seguir em frente com sua própria vida.

As mulheres inteligentes sabem que...

Isso é incontestável! Quando superar a dor da separação – e *você vai superar, pode ter certeza* –, você se perguntará o que foi que viu nele.

Já faz quase três meses que Peter disse a Lisa que não via nenhum futuro no relacionamento deles. Três longos e dolorosos meses. Em alguns dias dói tanto que ela não sabe o que fazer com ela mesma. Peter é o homem com quem ela pretendia passar o resto de sua vida. Segundo Lisa, o único problema era ainda não estarem noivos. Ela certamente não esperava que ele acabasse o namoro. Na realidade, achava que o relacionamento parecia estar ficando mais firme e caminhando para um compromisso. A separação a atingiu em cheio, e o fato de ter ocorrido uma semana antes do Natal só veio piorar muito a situação. Há semanas ela está perplexa... aturdida pelo sofrimento. É um esforço colocar um pé na frente do outro e enfrentar cada dia. Ela quase não come e seu estado emocional se alterna entre não conseguir dormir e querer se enfiar na cama e se isolar do mundo. Lisa está convencida de que jamais conhecerá alguém como Peter... que jamais amará outro homem como ela o ama.

Ela sabe que precisa melhorar e superar o que está sentindo, mas sente-se arrasada. Freqüentemente, fica com raiva dele por ter provocado a separação. Eles eram grandes amigos, amantes... como é que ele pôde traí-la assim? Por que é que ele não está perturbado com isso? Será que ele não sente falta dela? Em outras ocasiões, Lisa pára de tentar compreender o comportamento de Peter e se pergunta o que fez de errado. Fica pensando sobre as coisas que disse, as coisas que fez. Se tivesse agido de outra forma, talvez o relacionamento tivesse tido um outro desfecho. A maior parte do tempo, Lisa quer Peter de volta. E, apesar de saber que o comportamento dele foi inaceitável, ela está pronta para recebê-lo... se ele pedir. Mas ele não pede.

Suas amigas insistem para que ela comece a sair com outros homens, dizendo-lhe que isso a faria se sentir melhor. Sugerem que ela saia de férias, que vá sozinha para algum lugar que não a faça se lembrar do tempo em que ficou com Peter. Repetem que nenhum homem merece tanto sofrimento... que ele foi um canalha. Racionalmente, Lisa aceita os conselhos das amigas. Afinal, são os mesmos conselhos que ela já deu muitas vezes a elas em circunstâncias semelhantes. Mas agora não funcionam. Ela não quer conhecer outro homem... ela quer Peter. Não existe lugar que não a faça lembrar-se dele. E ela não tem o mais remoto interesse em sair com outros homens.

Seus sentimentos são tão contraditórios que Lisa está totalmente confusa. Uma parte dela apenas quer que Peter explique o que aconteceu. Outra quer ter a oportunidade de provar a ele que nenhuma outra mulher pode fazê-lo feliz. E uma terceira quer se vingar. Para ela, Peter é a única pessoa do mundo que pode compreender a intensidade de seus sentimentos, mas, infelizmente, é a única pessoa com quem ela não pode conversar.

Às vezes, Lisa se sente um pouco melhor e começa a notar que o sol está brilhando, mas logo acontece alguma coisa que a faz se sentir como antes: sozinha e deprimida. Quanto tempo dura uma situação como essa?

Embora o sofrimento pela perda de um relacionamento dure bastante tempo, o objetivo é se desvencilhar da dor o mais rápido possível – e isso significa não olhar para trás.

~

Tentar continuar a ser amiga de um homem que acabou de partir seu coração é tão seguro quanto saltar de pára-quedas.

~

Depois de uma separação, sair com alguém é uma atividade um tanto perigosa. Se a experiência não for agradável, você ficará convencida de que jamais encontrará qualquer outro homem por quem você possa se apaixonar, e que "ele" é o único homem da sua vida. E caso você conheça um outro homem que lhe agrade um pouquinho só, a sua carência pode induzi-la a envolver-se depressa demais.

~

Tentar fazer com que ele lhe dê uma explicação razoável para a separação é perda de tempo... você jamais ficará satisfeita com o que ouvir.

~

Após o término de um relacionamento, seus sentimentos tendem a ficar mais exacerbados e descontrolados. É perigoso agir impulsivamente movida por esses sentimentos.

~

As separações sempre parecem acontecer no pior momento possível: no meio de um feriado, de uma crise familiar, na semana que antecede o Natal ou na véspera de datas importantes como o Dia dos Namorados ou o seu aniversário.

~

Implorar, suplicar, chorar e escrever cartas afastam mais ainda a pessoa que quis a separação. Se você precisar escrever, escreva, mas envie a carta para você mesma. Quando precisar se lamentar, faça-o com suas amigas.

~

O tipo de relacionamento que você quer de volta freqüentemente é aquele que jamais existiu.

~

Embora não acredite nessa possibilidade, você sobreviverá à separação e emergirá mais forte e mais sábia.

~

O homem que termina um relacionamento com você tende a reaparecer na sua vida no momento em que você decide que não o quer mais.

~

Querê-lo de volta provavelmente não é o que você de fato quer... é apenas o que deseja quando está sofrendo.

~

Superar a dor da perda de um amor parece levar um tempo aparentemente infinito e há muitos avanços e recuos. É importante que você acredite que irá superar essa perda. Continue apenas cuidando de si mesma.

~

Às vezes, a melhor maneira de cuidar de si mesma é encontrar um profissional competente e atencioso para ajudá-la.

As mulheres inteligentes sabem que, após a separação, você *não deveria* pensar...

- em como ele está se sentindo neste momento
- no que ele está fazendo neste momento
- nas outras mulheres que ele pode ter conhecido
- no quanto ele vai sentir a sua falta
- no que você poderia ter feito para evitar a separação
- no que você poderia ter dito para evitar a separação
- no que você vai sentir mais saudade em relação a ele
- em seus momentos de intimidade com ele
- no que você pode fazer para tê-lo de volta
- em como você pode se vingar

As mulheres inteligentes sabem que, após a separação, você *deveria* pensar...

- em tirar férias
- em todas as qualidades positivas que poderá encontrar no novo homem que você vai conhecer – as qualidades que "ele" não tem
- na sua liberdade
- na coisa mais sórdida e imbecil que ele fez

- nas suas maravilhosas qualidades que ele nunca apreciou
- em todas as coisas que você deixou de fazer por causa desse relacionamento (lugares aonde você queria ir, coisas que você queria fazer... e ele não estava a fim)
- em todas as qualidades ruins dele (chato demais, exigente demais, carente demais, muito resmungão, muito controlador, muito insensível, muito vulgar, muito egocêntrico, etc.)
- nas pessoas de sua vida que estão sempre a seu lado
- em todo o tempo que você terá para voltar a fazer coisas com seus amigos
- em um presente que você merece apenas por ser você

As mulheres inteligentes sabem que...

Se ele não faz você se sentir bem consigo mesma, ele não serve para você.

Se você conversar com um grupo de mulheres que se consideram felizes em seus relacionamentos, descobrirá um denominador comum: elas estão com homens cujas palavras e atitudes as fazem se sentir inteligentes, atraentes e, de modo geral, maravilhosas. Os homens que amam as mulheres transmitem esse amor fazendo suas parceiras se sentirem seguras.

As mulheres inteligentes sabem que...

Alguns homens jogam as mulheres umas contra as outras; esses homens devem ser evitados.

Fred tem o hábito de se envolver com duas mulheres ao mesmo tempo. Ele está sempre acabando um relacionamento e começando outro. E, mesmo quando se envolve com uma pessoa, não pára de olhar em volta. Há períodos em que não está efetivamente ligado a alguém, mas até nessas ocasiões ele tem mais amigas platônicas do que parece ser humanamente possível. Na realidade, se fôssemos investigar melhor, uma dessas mulheres provavelmente nos diria que não considera a amizade entre os dois totalmente platônica, que ele é muito envolvente e que flerta o tempo todo.

No entanto, há períodos em que Fred está efetivamente envolvido com duas ou mais mulheres ao mesmo tempo. Nesses momentos, ele entra em um "conflito terrível" e não consegue decidir o que quer, fazendo as mulheres se sentirem péssimas. Em geral, uma delas começa a se empenhar mais para agradá-lo, achando que para Fred seria melhor estar com ela. Isso vai lhe causar tanto aborrecimento e ciúme que ela acabará precisando de uma ajuda terapêutica. E qual será o principal assunto da terapia? O "problema de Fred".

Mona é ex-esposa de Fred. Melhor do que ninguém, ela conhece todas as maneiras pelas quais ele é capaz de criar situações em que duas mulheres se vêem competindo. Ela acrescentaria que não é apenas com as mulheres que ele cria problemas, é com todo mundo. Assim que se casaram, ele sutilmente alimentava pequenas divergências entre ela e a mãe dele. Às vezes, ela se via envolvida em conflitos estranhos com sua cunhada. Além disso, havia as mulheres com quem ele trabalhava. O que exatamente ele fazia para que ela sempre as visse como adversárias?

Quando Fred fala sobre mulheres, freqüentemente parece um juiz de concurso de beleza: "Ela é muito bonita... Ela é inteligente... Ela é talentosa... Ela cozinha muito bem... Ela tem coxas flácidas... Ela não está agindo bem." As mulheres que estão com ele geralmente não percebem o que ele está fazendo. Tudo o que sabem é que estão se colocando na defensiva e que, de alguma maneira, procuram fazer alguma coisa para provar o seu valor.

As mulheres inteligentes sabem que...

Um homem que odeia as mulheres às vezes consegue fazer as mulheres se odiarem.

~

O homem que está fazendo você sentir que precisa "ser a melhor" para obter a atenção ou a aprovação dele tem um problema em relação às mulheres que você não pode solucionar.

~

Os homens que precisam colocar as mulheres competindo por seu amor não conseguem ter um relacionamento verdadeiro.

~

Os homens que costumam comparar as mulheres com quem se relacionam não são apenas exigentes – são narcisistas.

~

Um homem que tem duas mulheres brigando por ele provavelmente não merece nenhuma delas.

As mulheres inteligentes sabem que em um bom casamento:

- Ambos os parceiros têm espaço para crescer.
- A auto-estima é fortalecida, e não ameaçada.
- Ambos os parceiros têm direitos iguais.
- O sexo nem sempre é perfeito, mas isso não tem importância.
- A independência é incentivada.
- Interesses diferentes não constituem ameaça.
- As tarefas são compartilhadas.
- As diferenças são negociadas.
- Há espaço para uma troca sincera.

As mulheres inteligentes sabem que...
Todos os relacionamentos duradouros possuem uma lista de situações que precisam ser negociadas.

Anna e Gary estão casados e morando juntos há quase um ano. No início, tudo era perfeito. Eles sempre queriam assistir aos mesmos programas de televisão, comer nos mesmos restaurantes, visitar os mesmos amigos, ir dormir na mesma hora. Mas, como em todos os relacionamentos, esse "período cor-de-rosa" não ia durar para sempre.

Agora eles estão começando a descobrir que não são simbióticos. Ele está começando a discordar da escolha de restaurantes. Ela está ficando cansada de assistir "aos programas de televisão dele". Gary liga a TV no canal de notícias assim que entra em casa, e isso deixa Anna irritada. A quantidade de trabalho dela aumentou, e por volta das dez da noite ela já está caindo de sono. Ele não consegue dormir sem ler na cama, apesar de a luz não deixá-la dormir direito. Anna gostaria que seu cachorro dormisse aos pés da cama deles, Gary não gosta de cachorro dentro do quarto. Ele se dá conta de que não gosta de algumas amigas dela, ela implica com alguns dos amigos dele. Esses tipos de conflitos parecem estar surgindo com mais freqüência. Eles conseguem discutir suas diferenças, mas nenhum dos dois fica plenamente satisfeito com a solução encontrada. O que aconteceu "aos dois corações que batiam como um só"?

Eles reconhecem que estão ficando mais impacientes e se zangando com mais facilidade. Um deles terá de ceder para que mais adiante não haja uma briga feia. Mas qual dos dois? E será que vale a pena? Anna e Gary não conseguem acreditar que estejam discutindo por causa de coisas do tipo "quem espremeu o tubo de pasta no meio", como seus pais faziam.

As mulheres inteligentes sabem que...

A única pessoa com quem você é totalmente compatível é você mesma.

~

Por mais que um casal se ame, eles são humanos e têm personalidades diferentes, por isso não irão concordar em tudo – as diferenças fazem parte da vida e não deveriam constituir motivos diretos para uma separação.

~

Os conflitos têm de ser discutidos e negociados, e ambos os parceiros precisam estar preparados para ceder.

~

As pessoas que não conseguem compartilhar o mesmo espaço deveriam morar sozinhas.

~

Uma mulher inteligente sabe como dar amor
sem abdicar de uma parte de si mesma.

As mulheres inteligentes sabem que...

É inteligente ser quem você é e ser o melhor que você pode ser.

Quando Lana joga xadrez com seu namorado Stanley, ela sempre o deixa ganhar. Ela joga suficientemente bem para fazer isso sem que ele perceba.

Marilyn e seu marido Dan trabalham como advogados no mesmo escritório. Ela se empenha ao máximo para que ele pareça ser mais eficiente do que ela. Marilyn acha que, quando Dan se tornar sócio, ela poderá começar a se preocupar em impulsionar sua própria carreira.

Diana e seu noivo Tom estão redecorando a casa deles. Quando morava sozinha, ela fazia tudo sem ajuda. Diana é extremamente habilidosa, mas no momento ela se finge de inútil enquanto ele maneja desajeitadamente a furadeira elétrica. Ela não quer mostrar a Tom o que fazer porque acha que não é uma atitude "feminina".

Lorraine e seu marido Frank discordam completamente sobre alguns candidatos às próximas eleições. Ela sabe que ele adora discutir política, mas receia expressar algumas de suas sensatas opiniões quando estão conversando com amigos. Por isso, Lorraine fica quieta e deixa Frank falar.

Lana, Marilyn, Diana e Lorraine têm algo em comum. Elas acreditam na "grande mentira". Elas renegam aspectos importantes de si mesmas porque acham que "é isso" que você precisa fazer para conservar um homem em sua vida. Infelizmente, elas não são as únicas. A maioria de nós recebeu desde cedo informações e conselhos muito específicos e tendenciosos sobre como até mesmo a mulher mais liberal deve agir quando está com um homem. Esses conselhos refletem uma triste teoria: se uma mulher quer manter o relacionamento com um homem, ela deverá saber fingir muito bem que é inferior a ele.

O que as mulheres inteligentes pensam sobre conselhos que recomendam que uma mulher se cale, se mostre inferior – ou diferente – do que realmente é? As mulheres inteligentes sabem que a maioria das crenças sobre o que faz um relacionamento funcionar se concentra nas necessidades *dele*, e não nas dela. Esses conselhos nem sempre são inteligentes. Por exemplo:

"Você deve massagear o ego de um homem. Os homens possuem egos muito frágeis."

As mulheres inteligentes sabem que a maioria das pessoas – homens e mulheres – tem ego frágil. Se, ao cuidar do ego dele, você anula o seu, você não está se protegendo e, portanto, não está sendo muito inteligente.

~

"Um homem deveria sempre ganhar mais dinheiro do que a mulher. Afinal eles são os provedores naturais."

As mulheres inteligentes sabem que se for necessário ganhar menos ou ocultar sua capacidade de ganhar bem para garantir a felicidade do casal, então o relacionamento não vai deixar você crescer nem atingir o seu potencial.

~

"Um homem não gosta que uma mulher pareça mais inteligente do que ele."

As mulheres inteligentes sabem que se um homem se sente ameaçado pela inteligência de uma mulher, então *ele* não é suficientemente inteligente para apreciar o que *a* torna uma pessoa tão especial.

~

"É o homem quem deve tomar a iniciativa no sexo."

As mulheres inteligentes sabem que um homem seguro de si não fica perturbado pelo fato de uma mulher ser suficientemente segura de si para manifestar suas necessidades sexuais.

~

"O homem da casa deve ser o responsável pelas decisões! Cabe a ele dar a palavra final."

As mulheres inteligentes sabem que, como em qualquer outra parceria, um relacionamento funciona melhor se estiver equilibrado em um eixo com pesos iguais. Quando se trata de tomar decisões, os dois parceiros têm os mesmos direitos.

~

"Os homens não gostam de mulheres com opinião própria."

As mulheres inteligentes sabem que um homem inteligente não fica nervoso quando a mulher tem opinião própria.

~

"Um homem não suporta uma mulher que discorda dele."

As mulheres inteligentes sabem que, quando um homem ama você, ele não quer que você se torne uma covarde.

As mulheres inteligentes sabem que se você tentar agradar a um homem demonstrando ser menos do que você é:

- Você começará a acreditar que é menos do que é.
- Você acabará ficando ressentida com ele.
- Você inibirá o seu próprio crescimento e limitará o relacionamento.

As mulheres inteligentes sabem distinguir fantasia de realidade.

Ninguém contestaria que a fantasia, quando usada corretamente, é um componente importante em nossas vidas. No entanto, às vezes a fantasia produz em uma mulher expectativas não realistas ou a faz imaginar que as outras mulheres estão tendo experiências mais satisfatórias do que as dela. Quando isso ocorre, as fantasias podem impedi-la de apreciar a realidade de sua própria vida.

As mulheres inteligentes sabem que...

É humano sentir sempre um pouco de
insatisfação, desejar que as coisas fossem
diferentes, que você tivesse mais liberdade,
mais amor, mais tempo livre.
É humano, mas não é muito inteligente,
deixar-se levar por esses sentimentos.

As mulheres inteligentes sabem que...

A maneira como você fantasia a maternidade depende de você ser ou não ser mãe.

~

- Mulheres profissionais sem filhos sonham com sapatinhos adoráveis e bebês cheirosos vestindo roupinhas lindas.
- Mães de tempo integral que não trabalham fora sonham com refeições nutritivas e roupas práticas.
- Mulheres com filhos e empregos sonham encontrar uma blusa limpa para vestir, ter um momento para si mesmas e uma boa noite de sono.

As mulheres inteligentes sabem que...

Se você tentar fazer tudo ao mesmo tempo, alguma coisa vai sair prejudicada – muito provavelmente as suas necessidades.

~

A supermulher está supercansada.

As mulheres inteligentes sabem que essas cenas são falsas.

Você já leu artigos sobre "a supermulher", aquela criatura espetacularmente eficaz que "tem tudo"? Ela vive uma vida incrivelmente feliz em uma casa incrivelmente linda, com um marido incrivelmente bem-sucedido, afetuoso e bonito, e dois bebês adoráveis. Seus filhos estão sempre alegres, seu emprego é sempre gratificante e estimulante, seu marido nunca fica aborrecido. Ela é atraente, as cores de suas roupas sempre combinam e ela sempre está maravilhosamente bem-vestida. Quando se dedica aos filhos pequenos, ela parece uma mãe devotadíssima em seu suéter de caxemira branco e calças de couro bege, e as pulseiras de ouro brilham em seu braço quando ela acaricia a cabeça do filho menor. Quando serve um jantar íntimo e primorosamente planejado para seis pessoas, ela sempre está impecavelmente vestida, não há uma ruga em seu macacão de seda, e as crianças sempre vão para a cama cedo, sem nenhuma choradeira. Quando se dirige para seu importante emprego em um luxuoso conjunto de salas em um andar alto do edifício mais alto da cidade, com sua pasta de grife, ela está devidamente pronta para todas as formas de atuação e de prestígio, isso sem mencionar as rápidas viagens de negócio.

As mulheres inteligentes sabem que...
Essa mulher não existe.

As mulheres inteligentes sabem que...

No mundo da fantasia, o casamento é a solução para tudo. No mundo real, até os melhores casamentos têm conflitos e problemas.

Embora você possa ter conhecido alguém com quem quer compartilhar tudo, é bem possível que vocês venham a discordar veementemente sobre:

- que filme ver
- a que restaurante ir
- a que programa de televisão assistir
- que estação de música ouvir
- onde passar as férias
- o que fazer na noite de sexta-feira

As mulheres inteligentes sabem que...

Depois do casamento, você e seu marido precisarão chegar a um acordo sobre as seguintes "pequenas" coisas:

- a temperatura ideal do ar-condicionado no quarto durante o verão
- se as janelas ficam ou não abertas à noite
- a maciez ou a firmeza do colchão

- o número de cobertores na cama
- a hora em que as luzes do quarto serão desligadas à noite
- a hora em que as luzes serão acesas de manhã
- a freqüência com que terão relações sexuais

As mulheres inteligentes sabem que...

Por mais que vocês se amem, quando forem a um restaurante, você e seu marido talvez não concordem sobre:

- quanto dar de gorjeta
- dividir o prato
- o lugar onde vão se sentar
- o vinho
- o nível de barulho
- a forma de pagamento
- a sobremesa

As mulheres inteligentes sabem que...

Quando você e o homem que escolheu "para o que der e vier" estão de férias, por mais idílico que seja o local, vocês poderão não estar de pleno acordo sobre:

- quem vai dirigir o carro
- a que velocidade ele deve ser dirigido
- em que hotel ficar
- quais pontos turísticos ver
- quanto tempo ficar
- quando ir embora

As mulheres inteligentes sabem que...

Se um casal lhe diz que eles jamais discutem, ou estão mentindo ou morando em apartamentos separados. O mais provável é que estejam mentindo.

As mulheres inteligentes sabem que...
Você não pode ter tudo – pelo menos, não ao mesmo tempo.

No espaço de um ano, duas grandes amigas de Mary Beth casaram e outras duas ficaram noivas. Mary Beth quer se alegrar por elas, mas no momento tudo o que ela sente é inveja. Ela quase se casou há quatro anos, mas terminou o noivado porque "não estava se sentindo muito segura". Agora, ela começa a se perguntar se aquilo foi um erro. Quando ainda tinha vinte e poucos anos, o fato de não estar casada não a perturbava. No entanto, ultimamente, ela tem se sentido deprimida por estar solteira. Ela tem certeza de que seria uma mulher feliz – se estivesse casada.

Quando pensa em casamento, Mary Beth imagina noites aconchegantes em frente à lareira, jantares a dois à luz de velas e uma atração sexual que não diminuirá com o tempo. Na verdade, ela tem um repertório completo de fantasias sobre o casamento. Uma de suas favoritas envolve a compra e a decoração de uma casa com seu marido ideal. Uma outra é sobre férias em lugares românticos – montanhas cobertas de neve, casas de campo, praias particulares, museus na Europa, um fim de semana inesperado em Nova York, passeios para ver o espetáculo das folhas no outono em Vermont. Ela também sonha com um "bebê". Em seus sonhos, Mary Beth passa horas comprando "coisas engraçadinhas" para ele.

Suas amigas tentam lhe dizer que o casamento não é exatamente o que ela imagina. Elas procuram mostrar-lhe que casamento significa ceder e que Mary Beth gosta de fazer as coisas à sua maneira. Elas lhe dizem que filhos, finanças e trabalho muitas vezes impedem férias românticas. Elas contam que os bebês têm cólicas e por isso eles choram, ficam resfriados e por isso eles choram, os dentes deles nascem e por isso eles choram.

Mary Beth não acredita nelas. O bebê da sua fantasia chora por apenas alguns poucos minutos. Além disso, ela tem certeza de que, quando casar, ela e seu marido concordarão a respeito de tudo. Ela acha que, se ela e um homem se amarem o suficiente para se casarem, eles terão dois corações batendo em uníssono... e duas mentes de pleno acordo.

~

Cynthia está casada há cinco anos. Ela ama seu marido e sabe que ele a ama... mas certas coisas a estão deixando louca. A maneira como ele joga suas toalhas molhadas em cima da cama, o fato de ele nunca ficar parado, de estar sempre se movimentando pela casa e tirando as coisas do lugar. Além disso, existem os hábitos alimentares dele – ele parece comer sem parar, sem nunca engordar, o que é absolutamente revoltante para alguém que luta contra a balança. Ele deixa uma bagunça enorme na cozinha depois que prepara seus sanduíches e não permite que a faxineira limpe sua mesa de trabalho para "não perder suas coisas". Mas ele também não a limpa, e a poeira se acumula. E, às vezes, ele é muito pão-duro. Reclama das luzes acesas, do ar-condicionado ligado, dos banhos de banheira que Cynthia gosta de tomar.

Ultimamente, a vida sexual deles é quase nula: entre filhos e trabalho, os dois ficam tão cansados que parecem ter esquecido o que é sentir desejo. As últimas férias que tiveram foram os quatro dias de um fim de semana prolongado que passaram na praia. Choveu dia e noite. Eles se enroscaram em frente à lareira, mas, em vez de conversarem, ele assistiu a jogos de futebol e ela leu um romance sensacional.

Cynthia não gostaria de estar solteira outra vez, mas se lembra da época em que estava sozinha e das coisas que aceitava como naturais – dividir pizzas e comida chinesa com as amigas, deixar pratos sujos na pia e não se preocupar com eles, não precisar dar nenhum tipo de satisfação a ninguém, passar um fim de semana inteiro na cama com o gato, assistindo a um filme atrás do outro. Ela se lembra de férias divertidas aprendendo a esquiar com as amigas; de como era delicioso dançar nua em frente ao espelho do quarto antes de ir para o trabalho; de como se sentia ao arrumar-se para sair com um homem pela primeira vez; de como era bom fazer compras quando o dinheiro era só dela; de como era delicioso o sexo solto e intenso. Ela gostaria de ter tido consciência naquela época de como era fantástico ser solteira. Ela gostaria de ter sido bastante inteligente para curtir a sua liberdade e tê-la aproveitado ao máximo.

As mulheres inteligentes sabem que...

Ultimamente, muitas mulheres acham que desperdiçaram anos de suas vidas sonhando com o futuro ou lamentando o passado. Elas concordam que não foi uma coisa muito inteligente.

~

Ser inteligente pressupõe viver no presente e usufruir tudo o que ele oferece.

Talvez o dia de hoje não seja o melhor de sua vida, mas cada dia é especial e insubstituível, portanto aproveite-o ao máximo.

Onze mandamentos para uma mulher inteligente:

- Manter todas as expectativas fundamentadas na realidade.
- Nunca esquecer suas prioridades ou o seu eu.
- Não se dedicar a um homem mais do que ele se dedica a você.
- Não esperar por um homem mais tempo do que ele espera por você.
- Não passar mais tempo analisando os problemas de um homem do que você passa tentando compreender os seus.
- Não transformar um homem mortal no próprio Deus.
- Não cobiçar a vida de sua vizinha.
- Julgar todos os homens pela consistência de suas ações, e não por suas palavras.
- Não tolerar nenhuma forma de abuso.
- Desenvolver seus próprios talentos, seu próprio potencial e sua própria independência.
- Ser justa com os homens de sua vida e esperar justiça em troca.

As mulheres inteligentes sabem que...

Não é fácil ser inteligente – no entanto, isso não deveria impedi-la de tentar.

CONHEÇA OUTROS TÍTULOS DOS AUTORES

Os segredos das mulheres inteligentes

Se você é como a maioria das mulheres, deve viver criticando seu corpo, seu cabelo, sua pele, sua família, sua conta bancária, seu emprego... e não entende por que seus relacionamentos sempre dão errado.

A explicação está justamente nesse comportamento. Criticar-se por detalhes sem importância causa um enorme dano à sua autoestima. E, num círculo vicioso, quanto mais baixa está sua autoestima, mais você se deprecia.

Para ajudá-la a acabar de vez com esse problema e fazê-la ter consciência de seu valor, a famosa dupla de experts em comportamento feminino Steven Carter e Julia Sokol escreveu esse verdadeiro manual de sobrevivência.

Aqui você vai aprender os segredos fundamentais das mulheres inteligentes e descobrir como romper com padrões de comportamento que a colocam para baixo. Dessa forma, será capaz de adotar atitudes positivas que vão dar uma guinada em sua vida.

Com uma linguagem divertida e repleto de exemplos bem-humorados, esse livro traz dicas poderosas para todas as pessoas que têm alguma dificuldade de enxergar seu próprio valor, não importa em que área da vida.

CONHEÇA OUTROS TÍTULOS DA EDITORA SEXTANTE

Por que os homens amam as mulheres poderosas?

SHERRY ARGOV

Você cancela todos os seus planos esperando um possível telefonema de um homem que acabou de conhecer? Tem a sensação de que, por mais que tente agradar seu parceiro, ele sempre parece distante ou desinteressado? Então, se você deseja construir um relacionamento estável, saudável e divertido – com esse homem ou com qualquer outro –, está na hora de mudar de postura.

Não é que você não seja suficientemente boa. É que você é *boazinha* demais. E não há nada mais enfadonho para um homem do que uma mulher que passa o tempo todo se esforçando para agradá-lo.

Se você se enquadra nesse padrão, não se desespere. Esse livro pode ajudá-la a dar uma guinada em sua vida amorosa. Com um texto envolvente, Sherry Argov criou um verdadeiro manual que vai fazê-la entender de uma vez por todas por que os homens amam as mulheres poderosas.

A partir de centenas de entrevistas, a autora descobriu as principais atitudes que diferenciam as mulheres boazinhas das poderosas e as reuniu nesse livro bem-humorado e transformador. Com histórias engraçadas e exemplos práticos, ela ensina tudo o que você precisa saber para deixar qualquer homem aos seus pés.

Desvendando os segredos da linguagem corporal

ALLAN E BARBARA PEASE

Um gesto vale mais do que mil palavras. Provavelmente você já ouviu esta frase, mas talvez não tenha se dado conta do quanto ela é verdadeira. Em *Desvendando os segredos da linguagem corporal* Allan e Barbara Pease esclarecem que 93% da comunicação humana é feita através de expressões faciais e movimentos do corpo.

Quando aprendemos a prestar atenção em nossa linguagem corporal e a interpretar corretamente a dos outros, passamos a ter maior controle sobre as situações, pois podemos identificar sinais de abertura, de tédio, de atração ou de rivalidade e agir de forma adequada aos nossos objetivos.

Com bom humor e uma sólida base científica, os autores de *Por que os homens fazem sexo e as mulheres fazem amor?* explicam o significado real de gestos que usamos no dia a dia, como cruzar os braços, coçar o nariz e balançar a cabeça, evitando os habituais mal-entendidos causados pela contradição entre o que dizem nossas palavras e nosso corpo. Esse guia fundamental ensina como melhorar os relacionamentos, aumentando nossa capacidade de comunicação e de entendimento com as pessoas.

CONHEÇA OS CLÁSSICOS DA EDITORA SEXTANTE

1.000 lugares para conhecer antes de morrer, de Patricia Schultz

A História – A Bíblia contada como uma só história do começo ao fim, de The Zondervan Corporation

A última grande lição, de Mitch Albom

Conversando com os espíritos e *Espíritos entre nós*, de James Van Praagh

Desvendando os segredos da linguagem corporal e *Por que os homens fazem sexo e as mulheres fazem amor?*, de Allan e Barbara Pease

Enquanto o amor não vem, de Iyanla Vanzant

Faça o que tem de ser feito, de Bob Nelson

Fora de série – Outliers, de Malcolm Gladwell

Jesus, o maior psicólogo que já existiu, de Mark W. Baker

Mantenha o seu cérebro vivo, de Laurence Katz e Manning Rubin

Mil dias em Veneza, de Marlena de Blasi

Muitas vidas, muitos mestres, de Brian Weiss

Não tenha medo de ser chefe, de Bruce Tulgan

Nunca desista de seus sonhos e *Pais brilhantes, professores fascinantes*, de Augusto Cury

O monge e o executivo, de James C. Hunter

O poder do Agora, de Eckhart Tolle

O que toda mulher inteligente deve saber, de Steven Carter e Julia Sokol

Os segredos da mente milionária, de T. Harv Eker

Por que os homens amam as mulheres poderosas?, de Sherry Argov

Salomão, o homem mais rico que já existiu, de Steven K. Scott

Transformando suor em ouro, de Bernardinho

INFORMAÇÕES SOBRE A SEXTANTE

Para saber mais sobre os títulos e autores da EDITORA SEXTANTE, visite o site www.sextante.com.br e curta as nossas redes sociais. Além de informações sobre os próximos lançamentos, você terá acesso a conteúdos exclusivos e poderá participar de promoções e sorteios.

www.sextante.com.br

facebook.com/esextante

twitter.com/sextante

instagram.com/editorasextante

skoob.com.br/sextante

Se quiser receber informações por e-mail, basta se cadastrar diretamente no nosso site ou enviar uma mensagem para atendimento@esextante.com.br

Editora Sextante
Rua Voluntários da Pátria, 45 / 1.404 – Botafogo
Rio de Janeiro – RJ – 22270-000 – Brasil
Telefone: (21) 2538-4100 – Fax: (21) 2286-9244
E-mail: atendimento@esextante.com.br